dedicato ai miei figli...

"*Senza dati sei solo un altro individuo con una opinione.*" **- W. Edwards Deming.**

"*I dati sono una cosa preziosa e dureranno più a lungo dei sistemi stessi*". **- Bill Gates.**

"*Senza i big data, siete ciechi, sordi e in mezzo a un'autostrada*". **- Jeff Bezos.**

"*Educare, responsabilizzare e abilitare coloro che hanno bisogno dei dati per prendere decisioni*". **- Robert Seiner.**

"*Il data warehousing non è facile da realizzare, ma è di fondamentale importanza. Senza dati affidabili, siete solo un'altra azienda sprovveduta sul mercato*". **- Ralph Kimball.**

20 cose da sapere sul Data Management
Editore: Synergo!
ISBN: 9798376275351
Autore: Michele Iurillo
michele.iurillo@synergo.es
(C) 2023
Edizione 1.5 14 febbraio 2023

Índice

Prefazione di Gigi Beltrame		3
I dati non sono più un'opzione		10
Perché questo libro		12
1.	Data Literacy	15
2.	Metadati	20
3.	Data Governance	26
4.	Business Glossary	39
5.	Data Dictionary	45
6.	Data Catalog	47
7.	ETL	52
8.	ELT	55
9.	Master Data	58
10.	Data Lake	62
11.	Data Warehouse	68
12.	OLAP, ROLAP, MOLAP, DOLAP e HOLAP	71
13.	Data Fabric	76
14.	Data Mesh	82
15.	Approccio dichiarativo e approccio procedurale	91
16.	Data Vault	95
17.	Data Monetization	97
18.	CDC	102
19.	Data Virtualization	104
20.	DmBoK2	110
Informazioni sull'autore		116
Data Management Summit		117
Informazioni su Synergo!		121
Ringraziamenti		126
Bibliografia		129

Prefazione

Conosco Michele da tanti anni, ma se c'è una cosa che ho imparato da lui è la caparbietà. Nel momento in cui mi ha coinvolto nell'edizione italiana del **Data Management Summit** *non potevo tirarmi indietro, perché per me i dati sono tutto, ma non lo sono nel senso ormai diventato comune.*

"I dati sono il nuovo petrolio" non è mai stata una frase che mi ha convinto fino in fondo. Perché del petrolio ci stiamo accorgendo che possiamo, ma anche dobbiamo, farne a meno, ma non è l'unico punto. Il petrolio è un'ottima risorsa, ma è semplicemente una forma di energia, sempre per semplificare.

Invece per me "i dati sono come l'acqua, perché scorrono ovunque, si raccolgono ovunque, sono sfuggenti ma allo stesso tempo potenti se li raccogliamo, ma soprattutto sono un elemento vitale per tutto l'ecosistema della terra". Il petrolio è nocivo, l'acqua alimenta i processi.

Come l'acqua, i dati sono una risorsa fondamentale per le aziende: rappresentano il carburante che alimenta la loro attività, consentendo loro di prendere decisioni informate, di innovare e di rimanere competitive sul mercato.

Inoltre, come l'acqua, i dati sono una risorsa preziosa che deve essere gestita con cura. Proprio come il pianeta Terra richiede una gestione responsabile delle risorse idriche per preservare il nostro ambiente, le aziende devono gestire i dati in modo responsabile per garantirne la sicurezza e la protezione.

Tuttavia, proprio come l'acqua, i dati possono anche essere fonte di rischi se non gestiti correttamente. Il cambiamento climatico sta causando fenomeni meteorologici estremi che portano a inondazioni e carenze idriche, così come i dati possono essere soggetti a violazioni della sicurezza e della privacy se non adeguatamente protetti. I dati sono fondamentali per le aziende per prendere decisioni informate. Essi offrono informazioni sui clienti, permettono di prevedere i trend di mercato e individuare nuove opportunità di business. Inoltre, i dati aiutano a misurare le prestazioni e a identificare le aree da migliorare. Ma non basta avere i dati: è importante saperli interpretare correttamente. Un'interpretazione errata dei dati può portare a decisioni sbagliate e a conseguenze negative per l'azienda. Per questo motivo, è necessario che le aziende investano nella formazione dei propri dipendenti, in modo da assicurarsi che essi abbiano le competenze necessarie per interpretare e utilizzare i dati in modo appropriato. La formazione può includere l'utilizzo di strumenti e metodologie di analisi dei dati, come ad esempio la visualizzazione dei dati, l'utilizzo di algoritmi di machine learning o la creazione di modelli predittivi. In questo modo, i dipendenti possono imparare a trarre conclusioni dai dati e prendere decisioni informate, al fine di migliorare le performance aziendali.

Se c'è una cosa che abbiamo imparato in questi anni, è che la raccolta e l'analisi dei dati devono avvenire nel rispetto della privacy e delle leggi sulla protezione dei dati. È fondamentale che le aziende abbiano una chiara comprensione delle regolamentazioni in materia di tutela dei dati, in modo da adottare le misure necessarie per raggiungere un equilibrio tra le esigenze aziendali e la protezione dei dati degli utenti. Devono inoltre fare attenzione a non utilizzare i dati in modo inappropriato , poco etico, o per fini illeciti, anche se il loro obiettivo è quello di aumentare la produttività all'interno dell'azienda. In tal modo, potranno sfruttare i vantaggi dell'analisi dei dati, proteggendo al tempo stesso i diritti e le libertà fondamentali degli utenti.

I dati sono di fondamentale importanza per le aziende, non solo in termini di vantaggio competitivo, ma anche per quanto riguarda l'economia in generale. Conoscere come utilizzare correttamente i dati, come sfruttarne al meglio le potenzialità e come interpretare le informazioni che essi contengono può rivelarsi una strategia vincente per un'azienda.

Ma se i dati sono fondamentali, il data management, la gestione dei dati, diventa elemento centrale, poiché in un mondo sempre più digitalizzato le aziende devono gestire una quantità di dati crescente ogni giorno. La capacità di gestire correttamente i dati è fondamentale per le organizzazioni, poiché, senza una gestione adeguata, i dati raccolti possono facilmente diventare inutili o addirittura dannosi per l'organizzazione stessa. L'utilizzo di pratiche di data management efficienti può aiutare le aziende a sfruttare al meglio i loro dati e a trarne un reale vantaggio, riducendo al minimo la possibilità di errori o disservizi.

Il data management è un elemento essenziale per le aziende di oggi, che devono competere in un mercato in rapida evoluzione. Permette loro di sfruttare al meglio i dati, consentendo loro di ottenere un vantaggio competitivo sul mercato. Grazie al Data Management, le aziende possono non solo prendere decisioni migliori e più rapide, ma anche avere una visione più chiara dei clienti, dei trend di mercato e delle tendenze in atto. Inoltre, grazie a una gestione più efficiente dei dati, le aziende possono migliorare la propria efficienza operativa e ridurre al minimo i costi. Il data management è anche una potente arma per le aziende che vogliono sviluppare strategie di marketing personalizzate in base ai dati raccolti sul mercato, al comportamento dei clienti e alla loro fedeltà.

Non possiamo scordarci che il data management contribuisce in modo significativo alla sicurezza dei dati aziendali, riducendo notevolmente il rischio di perdita o furto di informazioni sensibili. Una buona gestione dei dati aiuterà anche a garantire che le informazioni aziendali siano archiviate e protette in modo sicuro, ed è un elemento essenziale per prevenire la perdita di informazioni.

Ma non basta avere un'ottima strategia di data management, è importante anche implementarla correttamente. Per assicurarsi che questo accada, le aziende devono investire non solo nelle tecnologie ma anche nelle infrastrutture necessarie per garantire la gestione efficace dei dati. Inoltre, è necessario che ci sia una formazione adeguata dei collaboratori, per consentire di sfruttare al meglio le risorse messe a disposizione. Questo significa fornire alle risorse l'opportunità di acquisire conoscenze e competenze che consentano loro di gestire i dati in modo efficiente e sicuro.

Il data management rappresenta quindi un elemento chiave per il successo delle aziende moderne. Questo libro chiarisce tutta una serie di concetti che stanno alla base del Data Management: dalla gestione dei metadati passando per la governance degli stessi, spiega in modo semplice e chiaro cosa sono per esempio i processi ETL e che differenza c'è rispetto ai processi ELT o cosa si intende per CDC. Tutte parole tecniche spiegate in modo semplice e chiaro. Non un libro per gli addetti ai lavori forse ma un libro per invogliare tutti quelli che si avvicinano al mondo del dato. Questo libro potrebbe essere la porta principale, un primo ed importante passo che stimola ad approfondire il tema. Molti altri testi vengono citati nella Bibliografia finale anche per dare spunto al lettore di trovare altro materiale utile per fare del mondo dei dati il proprio mondo.

Chiudo con una riflessione sul Data Management Summit, non tanto sulle tante edizioni, in lingua spagnola, italiana e inglese, in presenza e online, ma sull'essenza dell'evento in sé.

Pur partecipando a tanti eventi come speaker o moderatore, non mi capita spesso di trovarmi di fronte a una comunità di professionisti appassionati e con la voglia di confrontarsi davvero su un tema come il Data Management Summit.

E' un momento di incontro e di confronto, di arricchimento e di networking incredibile, dove tutti si mettono a disposizione della comunità.

Partecipare a un evento come questo è determinante per chi lavora nel campo della gestione dei dati, perché consente di rimanere aggiornati sulle ultime tendenze e sulle nuove tecnologie che emergono nel settore, ma soprattutto un'opportunità per creare connessioni con altri professionisti del settore e ampliare la propria rete di contatti.

In particolare, al Data Management Summit si è discusso di argomenti come i data lake, la data protection e la governance dei dati, solo per citarne alcuni, temi che oggi rientrano nelle agende delle aziende moderne, ma durante gli eventi si sviscerano già le opportunità e i problemi con uno sguardo al futuro.

Essere un passo avanti, non con la pretesa di inventare la ruota, ma con l'idea di contribuire, tutti insieme, a migliorarla, con l'ideale di rendere le aziende migliori, con professionisti migliori.

Gigi Beltrame

I dati non sono più un'opzione

Se è vero che il 75% degli asset delle società *Standard & Poor's* non sono fisici: di cosa stiamo parlando? Dati! Cosa sarebbero aziende come *Booking, AirBNB, Facebook* senza i loro (e i nostri) dati, questo è un motivo più che sufficiente per capire l'importanza della *Data Governance*.

Ora più che mai i dati non sono un'opzione, sono il business!

Non siamo nella "trasformazione digitale". Non si tratta di qualcosa che arriva e a cui bisogna adattarsi, ma di dobbiamo parlare di "abitudine all'evoluzione digitale". Perché è un processo continuo, non un evento isolato. Un processo che necessita della *Data Governance* così come necessita di altri aspetti legati ai dati (*Data Quality, Data Analysing, Data Virtualization*, ecc.)

Siamo nell'era dei **metadati**. Se è vero che la Business Intelligence ha cristallizzato la strategia (passando dal "cosa" fare al "come" farlo), la *Virtualizzazione dei dati* ha liberato i dati dai collegamenti fisici. Proprio la *Data Governance* concentra i suoi sforzi nei metadati. Non importa più quanti dati possiamo gestire e come li gestiamo. Dobbiamo sapere cosa ci dicono e chi decide cosa ci devono dire. Senza *Data Governance* non c'è Data Management, questa è la visione *di DAMA* e la condivido pienamente. Non dobbiamo pensare alla Data Governance solo in termini di conformità e regolamenti. Il *GDPR*[1] e l'*RDA*[2] sono stati un buon argomento per dotare le grandi aziende di processi e programmi di Data Governance, ma oramai tutte le aziende hanno bisogno di sfruttare al meglio i propri dati e di gestire i metadati in modo efficiente. Il lavoro più importante è senza dubbio quello di "educare" e "aiutare" le aree che si occupano del business a comprendere meglio il mondo dei dati. Non da una prospettiva tecnologica, ma da una prospettiva funzionale. Questa è la missione di Synergo! e la mia ragion d'essere.

Michele Iurillo

---

[1] Il Regolamento generale sulla protezione dei dati è il regolamento europeo sulla protezione delle persone fisiche in relazione al trattamento dei loro dati personali e sulla libera circolazione di tali dati.
[2] Nel 2013, il Comitato di Basilea per la vigilanza bancaria (BCBS) ha pubblicato un rapporto intitolato "Principles for effective risk data aggregation and risk reporting" (Principi per un'efficace aggregazione dei dati di rischio e per la segnalazione dei rischi) (BCBS 239), in cui definisce l'aggregazione dei dati di rischio (RDA) come l'attività di raccolta ed elaborazione dei dati di rischio in conformità con i requisiti di segnalazione dei rischi delle banche, consentendo loro di valutare la propria performance in termini di propensione o tolleranza al rischio.

Perché questo libro

C'è stato un tempo in cui abbiamo detto alle aziende che dovevano esaminare i loro dati: è nata la *business intelligence*. C'è stato un momento in cui volevamo democratizzare l'uso dei dati ed è nato *data-driven*. Dopo un po' di tempo, ci siamo resi conto che grazie alla virtualizzazione e al cloud non era più necessario spostare i dati e così è nata la *Data Virtualization*. Alcuni dicono che sostanzialmente non è cambiato nulla. Abbiamo una tecnologia straordinaria, il *cloud* e il *cloud computing* che stanno innescando un nuovo potenziale, ma stanno anche generando una certa entropia, soprattutto per via dell'abbattimento dei costi di *storaging*. Le aziende tendono a trattenere i dati anche una volta non più utili. Questo é pericoloso ed illegale in molti casi. Una nuova *sindrome di Diogene* dei dati sembra essersi impossessata di tante aziende che non sanno neanche che tipo di dati hanno in loro possesso e non prestano la dovuta attenzione dal punto di vista della sicurezza degli stessi.

Mi occupo di gestione dei dati da molti anni e, sebbene esista un framework di riferimento importantissimo come *DmBoK 2* di *DAMA* che utilizzo quotidianamente (e che ho anche avuto l'onore di tradurre in italiano in parte), ho pensato che sarebbe stato interessante sviluppare qualcosa di molto didattico per tutti coloro che si stanno avvicinando al mondo del *Data Management*. Potremmo dire che questo libro è una sorta di dizionario esteso per comprendere meglio questo affascinante mondo. Volevo una guida rapida ed efficiente per i miei studenti e per portare il linguaggio tecnico a quelle aree che si occupano prevalentemente del business. Lo scopo è che suscitino curiosità e siano una specie di scintilla per far si che tutti si interessino di piú sulla materia, soprattutto quei profili STEM che arrivano nelle aziende sapendo fare miracoli in *Python* senza sapere cosa è un metadato.

Ho raccolto informazioni da diverse fonti, principalmente dai miei articoli pubblicati sul mio blog e su linkedin. Non mi vergogno affatto di sottolineare che ho sfruttato le risorse di *Chat GPT* per la creazione di questo libro... ormai tutti sanno cos'è Chat GPT, ma mi sembra giusto lasciare che sia lo strumento stesso a spiegare cos'è e cosa fa:

"GPT Chat è un sistema di conversazione automatizzato che è stato sviluppato per rispondere alle domande e generare testi con coerenza e coesione". È stato creato da OpenAI, una società che si dedica alla ricerca e allo sviluppo di tecnologie avanzate nel campo dell'intelligenza artificiale. Questo sistema funziona utilizzando un modello linguistico molto ampio e complesso, che è stato addestrato con un'enorme quantità di testo proveniente da Internet. Ciò significa

che Chat GPT ha una conoscenza generale di molti argomenti diversi e può rispondere a domande su una vasta gamma di argomenti, dalle notizie all'intrattenimento alla tecnologia. Ciò che rende speciale GPT Chat è la sua capacità di comprendere il contesto di una conversazione e di rispondere in modo appropriato. Ad esempio, se gli si pone una domanda sul tempo, risponderà con informazioni pertinenti sul tempo in una specifica località. È inoltre in grado di mantenere una conversazione fluida e naturale, il che lo rende ideale per l'uso in applicazioni di chat e assistenti virtuali".

Il risultato è questa guida super-pratica di circa 100 pagine, che metto a disposizione dell'intera comunità del dato. Per errori o suggerimenti, contattatemi all'indirizzo e-mail michele.iurillo@synergo.es. Non sarebbe una cattiva idea ampliare queste conoscenze senza scrivere un libro di 700 pagine, visto che per quello c'è già *DmBoK 2*, che non dovrebbe mancare nel vostro scaffale soprattutto se, come me, siete dei *fricchettoni dei dati*.

Minorca, 6 febbraio 2023

Michele Iurillo

1. Data Literacy

L'alfabetizzazione ai dati è una competenza fondamentale nel mondo digitale di oggi. Si riferisce alla capacità di comprendere e utilizzare le informazioni numeriche per prendere decisioni informate e migliorare i risultati. Questa competenza sta diventando sempre più importante in un'ampia gamma di settori, dalla tecnologia ai servizi finanziari, dalla sanità alla produzione.

La Data Literacy è la capacità di comprendere il contesto dei dati, di valutarne la qualità e l'affidabilità e di utilizzarli per l'analisi e la loro presentazione. Comporta anche la capacità di visualizzare e presentare i dati in modo efficace per comunicare chiaramente informazioni e risultati.

Inoltre, l'alfabetizzazione dei dati comprende anche la capacità di proteggere la privacy dei dati e di garantirne un uso etico. Questo è particolarmente importante in un momento in cui viene raccolta e utilizzata una quantità enorme di dati personali e sensibili.

Per sviluppare le competenze di *data literacy*, è importante conoscere le tecnologie e gli strumenti di analisi dei dati, come *Excel* e *Tableau*, nonché i concetti e le tecniche *di analisi dei dati*, come la *statistica* e il *data mining*³ . Inoltre, è fondamentale avere una solida conoscenza dei concetti di informatica e del funzionamento dei *database* e dei sistemi informativi.

Possiamo sottolineare che la *data literacy* è una competenza fondamentale per il successo nell'era digitale. Dalla comprensione dei dati all'utilizzo di strumenti e tecniche analitiche, la *Data Literacy* è essenziale per prendere decisioni informate e migliorare i risultati in un'ampia varietà di settori e contesti.

Da dove cominciare? In questo senso, tutti i framework più importanti parlano di questi passaggi:

- **Comprendere le risorse di dati all'interno dell'azienda.** Non solo per le fonti di dati (database, *DW, DL*) ma anche per i report aziendali. Questa operazione viene eseguita con un controllo rigoroso sui metadati.
- **Affinare la qualità dei dati.** La *qualità dei dati* è importante nella *gestione dei dati* perché influisce direttamente sull'efficacia e sull'accuratezza delle analisi, delle decisioni e dei risultati basati sui dati stessi. Dati di scarsa qualità possono generare informazioni false o fuorvianti, che possono portare a decisioni

---

³ Il data mining o esplorazione dei dati è un campo della statistica e dell'informatica che si riferisce al processo di scoperta di modelli in grandi volumi di dati, utilizzando i metodi dell'intelligenza artificiale, dell'apprendimento automatico, della statistica e dei sistemi di database.

sbagliate e a opportunità mancate. Inoltre, la qualità dei dati influenza anche la credibilità e la fiducia che *gli stakeholder* ripongono nei sistemi e nei processi di gestione dei dati. Pertanto, è essenziale assicurare la qualità dei dati per garantirne il valore e l'utilità nel contesto aziendale.
- **Creare un organigramma per la gestione dei dati** o allineare il quadro attuale alle nuove sfide.
- **Comprendere l'architettura aziendale,** dove risiedono i dati e come si muovono attraverso i sistemi.
- **Iniziare con un caso aziendale specifico** e scalare gradualmente all'interno dell'organizzazione in modo non invasivo.

Prima di tutto questo dovremo porci altre domande, perché *la Data Literacy* è il primo passo verso la *Data Governance*.

Sarà necessario considerare le caratteristiche culturali e ambientali, nonché le aspirazioni dell'organizzazione e soprattutto valutare la maturità del DM: *cosa fa l'organizzazione con i dati? Cosa pensa l'azienda e i collaboratori dell'uso organizzativo dei dati?* Sarà necessario valutare la capacità di gestire il cambio: perché richiederà un nuovo modo di approcciarsi alle risorse, se prima l'accesso ai dati era semplice e disordinato, un processo di *Data Governance* porta con sé un cambiamento fondamentale, forse all'inizio ci sarà qualche resistenza e voglia di saltare il sistema di controllo, ma a poco a poco l'organizzazione si adatterà se le cose sono fatte bene fin dall'inizio.

Piuttosto che dotarsi di uno strumento fin dal primo minuto sarà più necessario avere chiaro che il governo dei dati è qualcosa che l'organizzazione *non può trascurare* e soprattutto non è qualcosa che inizia e finisce, è un processo continuo.

Parte integrante della *Data Literacy* è la *Data Monetization*, in cui dovremo rispondere a molte altre domande. La *valutazione dei dati* è un processo sistematico per valutare la qualità, la completezza e la rilevanza dei dati, al fine di identificare potenziali problemi e migliorare il processo decisionale basato sui dati. Può comprendere la verifica della completezza, della coerenza, dell'accuratezza, dell'unicità e della tempestività dei dati. Ma non può prescindere dalla misurazione o dalla comprensione del ruolo dei dati all'interno dell'organizzazione, quindi una buona valutazione dei dati si interroga anche su altri aspetti non direttamente legati ai dati tecnici, ma ai dati organizzativi e ai comportamenti all'interno dell'organizzazione.

L'azienda ha un programma o una struttura di gestione del cambio e hanno già gestito il cambiamento in passato?

Questa fase aiuterà anche a capire i possibili punti di "resistenza" che sono sempre presenti.

Dovrà essere valutata la disponibilità alla collaborazione: l'organizzazione è in grado di collaborare nell'uso dei dati? Riconosce il ruolo (formale o informale) della gestione dei dati?

Senza *Data Literacy* non c'è *trasformazione digitale*. La *valutazione dei dati* è il primo passo per comprendere il valore degli asset di dati e si appoggia sulla comprensione profonda dei *metadati*.

2. Metadati

I metadati sono informazioni sui dati che ne descrivono il contesto e l'uso. Sono essenziali per una gestione efficace ed efficiente dei dati in qualsiasi organizzazione. I metadati forniscono informazioni preziose sui dati e sulla loro relazione con altri dati e sistemi e sono essenziali per la gestione *della qualità* e per il processo decisionale.

In primo luogo, i metadati aiutano l'organizzazione a comprendere e gestire la complessità degli asset informativi. I metadati forniscono informazioni sulla struttura, il formato, la posizione e la relazione tra i dati.

In secondo luogo, i metadati migliorano la gestione della qualità dei dati. I metadati forniscono informazioni sull'accuratezza, la completezza e la coerenza dei dati, consentendo all'organizzazione di individuare e correggere gli errori e di garantire che i dati siano utili per il loro scopo (*Fit for Purpose*).

Inoltre, i metadati sono essenziali per il processo decisionale basato sui dati. I metadati forniscono informazioni sulla rilevanza, l'accuratezza e l'affidabilità dei dati, consentendo agli analisti di prendere decisioni più informate e coerenti.

Un altro aspetto importante dei metadati è il loro ruolo nella sicurezza. I metadati forniscono informazioni sulla riservatezza, l'integrità e la disponibilità dei dati, contribuendo a garantire siano protetti e accessibili quando necessario. I metadati forniscono anche ispezioni di audit perché mantengono la tracciabilità dei processi che li generano.

Inoltre, i metadati sono essenziali per l'integrazione dei sistemi soprattutto perché spesso questi dati provengono da fonti diverse e non eterogenee. I metadati forniscono informazioni sulla struttura e sul formato dei dati, consentendo ai sistemi di scambiare informazioni e di migliorare l'efficacia e l'efficienza.

Oltre agli aspetti generali menzionati finora, i metadati hanno anche un'importanza molto più tecnica che vale la pena menzionare.

Ad esempio, i metadati vengono utilizzati nel *data warehousing* per descrivere e organizzare i dati in modo da facilitarne la ricerca e l'utilizzo. Ciò include la creazione di indici e la creazione di schemi e modelli di dati che descrivono la struttura e le relazioni.

È inoltre importante notare che i metadati sono fondamentali per il processo di analisi dei dati. Ad esempio, i metadati vengono utilizzati per descrivere i campi dei dati e i loro tipi, consentendo agli analisti di eseguire più efficacemente le operazioni di analisi e visualizzazione assegnando i valori e le misure utili per capire cosa questi dati ci possono dire.

Un altro aspetto tecnico dei metadati è il loro ruolo nell'accesso e nella sicurezza. Ad esempio, i metadati vengono utilizzati per descrivere i permessi di accesso ai dati e per controllare chi può visualizzare e modificare i dati. Questo è essenziale per garantire che le informazioni siano protette e accessibili solo da chi è autorizzato a farlo.

Avendo un'importanza tecnica fondamentale nella gestione dei dati, dall'archiviazione alla sicurezza, i metadati sono un elemento chiave nel *Data Management*. È quindi importante che le organizzazioni investano nella tecnologia e nelle risorse necessarie per una corretta gestione degli stessi.

Una politica di gestione dei dati e un sistema di acquisizione dei dati consentono di trasformare i dati in informazioni. Sfruttando il *lignaggio dei dati* e la gestione dei metadati, il potenziale dell'informazione si moltiplica.

Il *data lineage* fornisce un *audit trail* dei punti di dati al massimo livello granulare e la presentazione del lineage può essere fatta a vari livelli di profondità per semplificare le vaste informazioni. Ad un livello molto alto, il percorso dei dati indica con quali sistemi i dati interagiscono prima di raggiungere la loro destinazione. Con l'aumentare della granularità, si arriva al livello della singola informazione. Il data lineage fornisce quindi tutti i dettagli, il comportamento storico, le proprietà degli attributi, le tendenze sulla qualità dei dati. Se usiamo questi metadati come indicatori possiamo per esempio porre rimedio a problemi di diversa specie. Se notiamo che la qualità dei dati scende nel tempo vuol dire che ci sono dei processi che stanno facendo entrare nel sistema dati con poca o nessuna qualità.

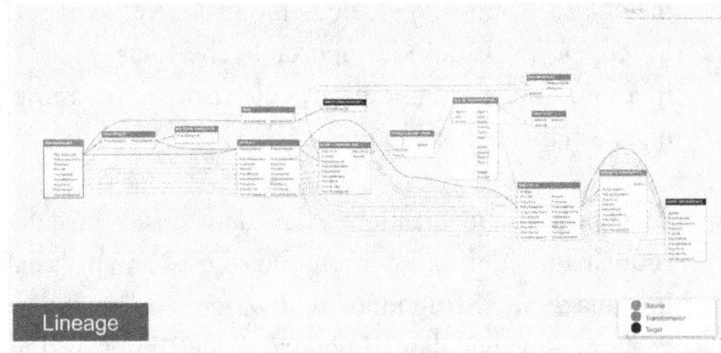

Esistono due tipologie di lignaggio dei dati: orizzontale e verticale.

Il *lineage orizzontale* dei dati riguarda i sistemi coinvolti

nel viaggio dall'origine alla destinazione. Il percorso verticale dei dati si occupa delle trasformazioni che avvengono lungo il percorso, che sarebbe qualcosa come il percorso "da colonna a colonna". Con il *data lineage verticale*, gli analisti di BI possono approfondire le minuzie dei vari processi di estrazione, trasformazione e caricamento (*ETL*) che un campo di dati incontra nel suo percorso. Il lineage verticale dei dati consente ai professionisti della BI di trovare risposte a domande quali:

Il nome di un campo è cambiato durante il percorso - è stato fatto per scelta o un sistema ha effettuato la modifica automaticamente per evitare la duplicazione dei nomi dei campi quando si combinano i dati da fonti diverse?

Avete cambiato il formato in qualche momento? Ad esempio, un campo dati con anni a quattro cifre è stato ridotto a due cifre? Un campo numerico (ad esempio i decimali) ha perso precisione, è stato troncato o arrotondato e quali regole di arrotondamento sono state utilizzate?

In definitiva, il lignaggio verticale ci dà questi vantaggi:

Rintracciare la fonte degli errori: interpretare ogni fase e ogni trasformazione all'interno dei sistemi e questo ci permette l'altro grande vantaggio: l'analisi dell'impatto. Troppo spesso i proprietari dei sistemi e dei *database* apportano modifiche alle strutture dei database, ai nomi delle tabelle, ai metadati delle colonne, alle stored procedure e ad altre proprietà dei dati senza considerare come queste modifiche possano influire negativamente sui calcoli, sui sistemi a valle e sui report. Si può dire che **un'analisi d'impatto** è una lettura inversa di una tradizionale linea di dati.

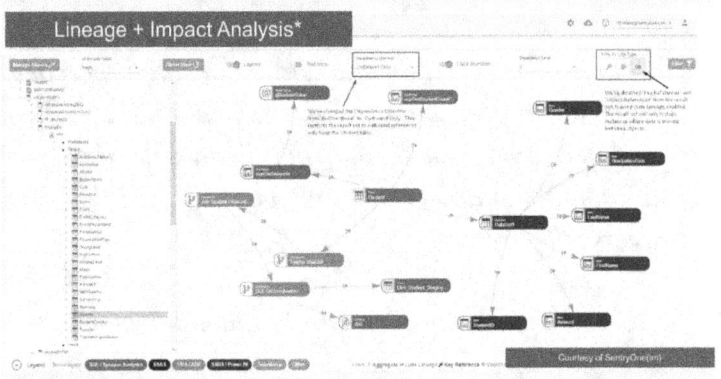

3. Data Governance

La governance dei dati è un approccio completo alla gestione e alla protezione delle informazioni in un'organizzazione. Si tratta di stabilire *politiche, processi* e *tecnologie* per garantire che i dati siano accurati, completi, sicuri e *adatti allo scopo*. La governance dei dati è essenziale per il successo di un'organizzazione in un mondo sempre più digitale e dipendente dai dati.

La governance dei dati ci aiuta a prendere decisioni efficienti fornendo informazioni credibili e sicure. *Che cos'è il margine lordo? Come si calcola? Dove trovo questi dati? Quali fonti possono garantirmi questi dati?*

La governance dei dati inizia con la chiara definizione dei ruoli e delle responsabilità delle persone e delle aree che gestiscono i dati. Ciò include l'identificazione dei proprietari dei dati (*Data Owner*) e la definizione di regole chiare per l'uso, la gestione e la protezione delle informazioni.

Inoltre, la governance dei dati comprende anche la gestione *della qualità dei dati*. Ciò include l'identificazione e la correzione degli errori nei dati, nonché l'implementazione di controlli per garantire che i dati siano accurati e completi prima di essere utilizzati.

La *Data Quality* non si dedica solo a correggere i problemi, ma anche nell'evitare che dati di scarsa qualità entrino nei sistemi. I *data scientist* passano troppo tempo a pulire i dati; se le informazioni alla fonte sono della qualità richiesta, l'intera organizzazione può trarre maggior valore dalle proprie risorse. La *qualità dei dati* deve essere una priorità per l'intera organizzazione.

Un altro aspetto importante della governance dei dati è la *sicurezza dei dati*. Ciò include l'implementazione di misure di sicurezza fisiche e digitali per proteggere i dati da accessi non autorizzati, perdita o manipolazione. Inoltre, la governance dei dati comprende anche la gestione dei diritti alla *privacy* e la protezione delle informazioni personali e sensibili.

Anche la tecnologia svolge un ruolo importante nella governance dei dati. Gli strumenti e le piattaforme di governance dei dati consentono di automatizzare molti aspetti della gestione e della protezione delle informazioni, tra cui l'identificazione dei *dati sensibili*, la verifica dei dati e la gestione della qualità dei dati.

Dobbiamo essere chiari sul fatto che la governance dei dati è un approccio completo alla gestione e alla protezione delle informazioni in un'organizzazione nella sua completezza anche se spesso esistono diversi domini dentro di una organizzazione che non possono intercambiare i dati per motivi di business o regolatori. L'area risk di una banca non può diffondere ad altri domini le proprie informazioni o per lo meno non dovrebbe farlo per ragioni compliance e etiche.

Inoltre, la governance dei dati è un investimento a lungo termine per il successo dell'organizzazione. Garantendo la qualità e l'integrità dei dati, le aziende possono migliorare il processo decisionale e migliorare i profitti. Misurare il ritorno sull'investimento in un processo di Data Governance non è un compito facile, ma è possibile. Nell'organizzazione ci sono sempre alcuni dati che sono più importanti ed è facile dimostrare un significativo risparmio sui costi quando i dati diventano la migliore risorsa competitiva dell'organizzazione.

Il grande vantaggio di lavorare con dati definiti in modo univoco è un fattore decisivo per l'analisi. Alcuni lo considerano un processo quasi top-down che parte dai diversi dipartimenti dell'azienda, altri ne dichiarano la completa trasversalità all'interno dell'organizzazione e ne auspicano la piena adozione fin dal primo giorno. Una cosa è certa: il processo di governance dei dati deve essere collaborativo tra più aree dell'organizzazione.

È necessario controllare una definizione precisa delle informazioni, in modo da poter spiegare il processo di costruzione di un indicatore, le fonti di informazione e le operazioni effettuate nel processo di trasformazione. Tutto ciò garantisce il successo nel dare credibilità alle informazioni fornite. Gli analisti devono disporre di dati affidabili, in quanto devono affrontare un processo di certificazione interna. Per lavorare con i dati, la sicurezza e le necessarie convalide aziendali, sono essenziali per osservare l'evoluzione dei risultati di qualità delle informazioni con i processi di miglioramento e verifica continui. Se i dati sul fatturato passano da un livello di qualità del 90% a uno del 40%, avrà ancora senso analizzare l'evoluzione delle vendite? Quale credibilità avrà un'analisi predittiva che si basa su dati di scarsa qualità? Dobbiamo essere in grado di ricavare un valore aziendale quantificabile dalle informazioni, riconoscendo i dati come una risorsa dell'organizzazione, o come la risorsa più importante.

La creazione di un collegamento tra l'analista e il team dati riduce i tempi di soluzione ed elimina le rielaborazioni. Per questo motivo è necessario generare accordi e definire le responsabilità per eliminare la duplicazione delle funzioni e le incomprensioni sul ruolo di ciascuno, delimitando le responsabilità di ognuno. Ciò consentirà di accedere rapidamente ai dati, nonostante la varietà di dati presenti nei sistemi. Con una chiara adozione di un sistema di *Master Data* e l'adozione di un *Data Catalog*, il risultato sarà una sostanziale riduzione dei tempi di ricerca e di comprensione delle informazioni, riducendo drasticamente lo sforzo dei team di lavoro. Lavorare con dati governati significa ridurre la replicazione dei dati, l'elaborazione, la reportistica, la capacità di calcolo e di conseguenza tutta la struttura ne trae giovamento.

Seguendo l'approccio del framework *DAMA*, abbiamo alcune linee guida che possono aiutarci nell'implementazione della Data Governance:

Sviluppo della valutazione degli asset di dati: la valutazione dei dati è il processo di comprensione e calcolo del valore economico dei dati di un'organizzazione. Il principio chiave per comprendere il valore di un oggetto non fungibile (scambiabile) come i dati (a differenza di beni fisici, denaro, ecc.), è capire come i dati vengono utilizzati e il valore che ne deriva; tuttavia, i dati apportano quasi sempre valore solo quando vengono utilizzati. L'utilizzo dei dati ha solo dei costi, quindi il beneficio dei dati deve essere superiore ai costi. Alcune delle modalità di misurazione del valore suggerite da DMBok 2 sono:

- **Costi di sostituzione:** ad esempio, recupero dei dati persi.
- **Valore di mercato:** in caso di fusione o acquisizione
- **Vendita di dati**

- **Costo del rischio:** controversie, rischi legali o normativi.

Per ulteriori informazioni sulla *monetizzazione dei dati*, consiglio il capitolo di questo libro.

Eseguire la scoperta e l'allineamento aziendale: questa fase aiuta a capire che l'uso dei dati è allineato con la strategia aziendale e supporta gli obiettivi aziendali.

Sviluppare i punti di contatto organizzativi: identificare i punti di contatto organizzativi con la DG, ossia le aree al di fuori della responsabilità del CDO che hanno un impatto sulla DG, ad esempio i progetti del CDO, la pianificazione aziendale, i finanziamenti... Dove i dati si scontrano con il business.

Sviluppare e affrontare il cambiamento: la gestione del cambio organizzativo è il veicolo per l'introduzione della DG. Le organizzazioni spesso gestiscono le transizioni dei progetti piuttosto che l'evoluzione organizzativa. Poiché la DG può essere una novità per molte organizzazioni, è necessario impiegare un team dedicato per gestire il cambiamento (pianificazione e monitoraggio, formazione, influenza sugli stakeholder, comunicazione e coordinamento/impegno con gli amministratori dei dati). Il supporto di tutti i C-Level è essenziale, se un CFO non ha chiaro che la Data Governance è centrale per il suo lavoro, allora l'organizzazione non ha la maturità necessaria per avviare un processo di Data Governance.

Definire la strategia e i principi della DG: la strategia definisce l'ambito e l'approccio "giusto" per l'organizzazione. Una strategia dovrebbe contenere:

- Scopo, obiettivi e principi
- Quadro operativo e responsabilità
- Tabella di marcia per l'implementazione
- Piano di sostenibilità operativa

Definire il quadro di governance operativa: ci sono quindi molti elementi da considerare durante la costruzione del modello operativo, come il valore dei dati per l'organizzazione, l'impatto normativo (*fare questa campagna di raccolta dati è compatibile con la normativa GDPR dell'azienda? Organizzare i dati in questo modo e con queste responsabilità è compatibile con la struttura giuridica? Chi definisce i proprietari dei dati? Gli utenti certificati avranno accesso a determinati dati o report? I report devono essere firmati da un dirigente?*)

Governance dei dati non invasiva: i programmi di governance dei dati si concentrano sull'autorità e sulla responsabilità di gestire i dati come un bene organizzativo prezioso. La governance dei dati non deve riguardare il comando e il controllo, anche se a volte può essere invasiva o minacciosa per il lavoro, le persone e la cultura di un'organizzazione.

La **Non-Invasive Data Governance**™ si concentra sulla formalizzazione della responsabilità esistente per la gestione dei dati e sul miglioramento delle comunicazioni formali, della protezione e degli sforzi per la qualità attraverso una gestione efficace delle risorse di dati.[4]

Essere "non invasivi" nella *Data Governance* dovrebbe essere un must, il punto di partenza di ogni iniziativa che deve mettere ordine e imporre responsabilità e regole sui dati che oggi sono forse l'asset aziendale più importante per la maggior parte delle aziende.

La governance dei dati è lì per aiutare, ma è sempre vista come una sorta di abito rigido e troppo formale. C'è sempre un'avversione iniziale, soprattutto se la parte comunicativa non è stata ben studiata. Vendere e far vendere un'iniziativa di governance dei dati è il primo passo verso il successo. Come fare? Robert S. Seiner, nel suo libro ***Non-Invasive Data Governance: The path of least resistance and most success***, ci fornisce diversi spunti e idee. Un'iniziativa di governance ha bisogno

---

[4] Governance dei dati non invasiva: il percorso di minor resistenza e maggior successo di Robert Seiner.

della *sponsorizzazione del management*, quindi la prima e più importante fase consiste nello spiegare i benefici e il valore direttamente al management. Seiner suggerisce addirittura di farlo con i dati raccolti in precedenza con le diverse parti interessate. Rispondendo a domande semplici come "*Cosa non posso fare con i dati?*", ogni responsabile di business, area e stabilimento può fornirvi molti argomenti per "vendere" la governance dei dati ai vostri manager.

Normalmente le iniziative di data governance nascono dal business, ma ultimamente nascono anche dal dipartimento di tecnologia. Si tratta di un cambio di paradigma importante perché i tecnici cominciano a capire che le informazioni in loro possesso hanno un grande potenziale se vengono governate e se presentano un minimo (o addirittura un massimo) di qualità. Invece di preparare continuamente i dati, le analisi e report a piacimento di qualche manager hanno finalmente inteso che questo lavoro non deve essere piú loro ma devono mettere in condizione l'azienda e gli analisti per farlo da soli e per questo devono strutturare bene l'informazione dall'inizio e metterla a disposizione in un data catalog aziendale o su un portale. Bisogna passare dalla cultura del Report (che nasce già con informazioni vecchie) ad una cultura dell'analisi in tempo reale. Per questo la "democratizzazione del dato" è fondante e troppo importante.

La data governance by design è un approccio alla gestione delle informazioni e dei dati in un'organizzazione che viene incorporato fin dall'inizio nello sviluppo di progetti e sistemi. Si tratta di un processo di pianificazione e di decisioni strategiche sulle modalità di raccolta, gestione, utilizzo e protezione dei dati di un'organizzazione. La *data governance by design* si concentra sulla garanzia della qualità, dell'integrità e della sicurezza dei dati, nonché sulla definizione di politiche e procedure chiare per il loro utilizzo. Ciò contribuisce a garantire che i dati siano utilizzati in modo efficace e affidabile per supportare decisioni aziendali informate. La data governance by design spesso si basa sul concetto di *DataOPS*.

DataOps: è una pratica e un approccio che combina cultura, strumenti e processi per migliorare l'efficienza e la qualità del flusso di lavoro della gestione dei dati. Si concentra sull'automazione e sulla collaborazione per accelerare i tempi di consegna dei progetti di analisi dei dati, migliorare la qualità dei risultati e garantire la scalabilità e l'affidabilità del sistema di gestione dei dati.

Data Steward: un Data Steward ha diverse responsabilità importanti nella gestione dei dati:

- **Definisce politiche e standard per la gestione dei dati:** Il Data Steward lavora a stretto contatto con altri dipartimenti per stabilire politiche e standard per l'acquisizione, l'archiviazione, la protezione e l'utilizzo dei dati.

- **Assicura la qualità dei dati:** Il Data Steward è responsabile di garantire che i dati siano accurati, completi e coerenti prima dell'uso e della distribuzione.
- **Protegge la privacy e la sicurezza dei dati:** Il Data Steward è responsabile dell'implementazione di misure di sicurezza per proteggere i dati sensibili e riservati e per garantire la conformità alle leggi e ai regolamenti sulla *privacy* dei dati.
- **Facilita l'accesso ai dati:** Il Data Steward collabora con altri dipartimenti per garantire che i dati siano accessibili a chi ne ha bisogno per svolgere le proprie mansioni.
- **Incoraggia la collaborazione e la condivisione dei dati:** Il Data Steward promuove la collaborazione interdipartimentale per facilitare la condivisione dei dati e migliorare l'efficienza e l'efficacia del processo decisionale.
- **Monitorare e valutare costantemente la gestione dei dati:** Il Data Steward è responsabile della supervisione della gestione dei dati e della conduzione di valutazioni periodiche per garantire il raggiungimento degli obiettivi e la soddisfazione delle esigenze degli utenti dei dati.

Il Data Steward non è il Data Owner: anche se a volte vengono usati in modo intercambiabile, Data Steward e Data Owner sono termini distinti con responsabilità diverse per la gestione dei dati. Non è sbagliato pensare nel data steward come una specie di maggiordomo che si cura della casa... ma la casa non è la sua.

Data Owner: Il proprietario dei dati è la persona o il dipartimento che ha l'autorità e la responsabilità finale su uno specifico set di dati. Il Titolare dei dati determina lo scopo e gli usi autorizzati dei dati, stabilisce le politiche per la gestione dei dati e prende decisioni sulla loro disposizione.

Il *Data Steward* è responsabile del monitoraggio e della garanzia della qualità, dell'integrità e della sicurezza dei dati per conto del *Data Owner*.

Il *Data Owner* è responsabile della strategia e della governance dei dati, mentre il Data Steward è responsabile della loro implementazione e gestione a livello operativo.

Dentro della Data Governance non esistono ruoli prestabiliti, l'importante é che venga riconosciuta la autoritá e le funzioni. Possiamo per esempio decidere di creare un Data Champion che può essere un data steward e alla volta anche un Data Owner ma non è una pratica molto diffusa. Esistono poi i Data Steward di Dominio che solo si occupano di un dominio concreto o i Chief Data Steward che coordinano il lavoro di diversi Data Steward.

La domanda che sempre si fa in questi casi. Un Data Steward si cerca o si crea? Spesso un buon Data Steward in una compagnia di assicurazioni può essere un attuario visto che conosce tutto quello che c'è dentro e dietro una polizza. Ha molto senso formare questa persona nelle competenze sui dati invece di cercare un Data Steward che provenga da una industria diversa.

I capitoli seguenti trattano i tre artefatti tipici della Data Governance: *Business Glossary, Data Dictionary* e *Data Catalog* (noto anche come Data Marketplace).

4. Business Glossary

Il glossario aziendale è uno strumento importante per la governance dei dati. Un *glossario aziendale* è un elenco di termini e definizioni utilizzati in un'organizzazione per descrivere dati, processi e concetti chiave. Questo documento è essenziale per garantire la coerenza e la qualità dei dati in un'organizzazione.

In primo luogo, il *Business Glossary* aiuta a promuovere un linguaggio comune e una comprensione uniforme dei termini e dei concetti chiave in tutta l'organizzazione. Questo è importante perché consente ai dipendenti di diversi reparti e livelli dell'organizzazione di lavorare insieme e di comprendere lo stesso linguaggio, il che contribuisce a migliorare l'efficienza e l'efficacia del processo decisionale.

Inoltre, il *Business Glossary* è una componente chiave della *Data Governance*, che è l'insieme di politiche, procedure e pratiche per la gestione dei dati in un'organizzazione. Il Business Glossary contribuisce a garantire la qualità dei dati stabilendo definizioni chiare e precise per i termini chiave, consentendo agli analisti dei dati e agli altri utenti di avere fiducia nelle informazioni che stanno utilizzando.

Il *Business Glossary* è importante anche per il processo

decisionale basato sui dati. Quando i termini e le definizioni sono chiaramente definiti, gli analisti possono confrontare e comparare le informazioni in modo più efficace, consentendo decisioni informate e basate sui dati.

Un altro aspetto importante del *Business Glossary* è la sua capacità di aiutare a risolvere i conflitti e garantire la coerenza dei dati. In un'organizzazione, è comune che diversi reparti utilizzino termini e definizioni differenti per descrivere gli stessi concetti e dati. Il Business Glossary aiuta a risolvere questi conflitti stabilendo una definizione unica e coerente per ogni termine. È quindi importante che le organizzazioni investano nella creazione e nel mantenimento di un Business Glossary per garantire una Data Governance efficace ed efficiente. Lo scopo di un *glossario aziendale* è quindi quello di documentare e conservare i concetti e la terminologia aziendale di un'organizzazione, le definizioni e le relazioni tra questi termini. Per avere un Business Glossary è necessario porsi domande semplici, come "Che cos'è il fatturato?", perché ogni reparto della vostra azienda probabilmente intende qualcosa di diverso, per le vendite potrebbe essere la somma degli ordini, per la logistica potrebbe essere il valore di tutte le unità servite, per il finance potrebbe essere ciò che è stato effettivamente fatturato e pagato.

I glossari aziendali hanno i seguenti obiettivi:

- **Consentire una comprensione** comune dei concetti e della terminologia delle attività principali.
- **Riduzione del rischio** di uso improprio dei dati a causa di una comprensione incoerente dei concetti aziendali.
- **Migliorare l'allineamento** tra gli asset tecnologici (con le relative convenzioni di denominazione tecnica) e l'organizzazione aziendale.
- **Massimizzare la capacità di ricerca** e consentire l'accesso alle conoscenze istituzionali documentate.

In molte organizzazioni, il Business Glossary è semplicemente un *foglio di calcolo*. Tuttavia, quando le organizzazioni maturano, spesso acquistano o sviluppano glossari che contengono informazioni robuste e hanno bisogno di qualcosa che sia in grado di gestirle nel tempo. Come per tutti i sistemi basati sui dati, i glossari aziendali devono essere progettati tenendo conto di hardware, software, database e processi. L'applicazione del glossario aziendale è strutturata in modo da soddisfare i requisiti funzionali delle tre principali tipologie di utenti:

Utenti aziendali: Analisti di dati, analisti di ricerca, personale direttivo e i dirigenti utilizzano il glossario aziendale per comprendere la terminologia e i dati.

***Data Steward* e *Data Owner*:** i Data *Steward* utilizzano il Business Glossary per gestire il ciclo di vita dei termini e delle definizioni e per migliorare la comprensione del business associando gli asset di dati ai termini del glossario, ad esempio collegando i termini alle metriche di business, alla reportistica, all'analisi della qualità dei dati o ai componenti tecnologici. I *data steward* sollevano questioni terminologiche e di utilizzo e aiutano a risolvere le differenze all'interno dell'organizzazione.

Utenti tecnici (ingegneri dei dati, architetti dei dati): Gli utenti tecnici utilizzano il Business Glossary per prendere decisioni relative all'architettura, alla progettazione e allo sviluppo del sistema e per eseguire l'analisi dell'impatto.

Un glossario dovrebbe includere metadati: definizioni rigorosamente formulate che spieghino eventuali eccezioni, sinonimi o varianti.

Vantaggi di un Business Glossary

- **Un glossario aziendale consente all'azienda di possedere i termini e il loro significato:** in genere, i clienti o gli analisti hanno l'esigenza di avere un glossario. Gli ingegneri informatici creeranno un'applicazione, compreso un database, che includerà un dizionario dei dati del sistema. Un glossario dei dati evidenzia come il vocabolario possa differire tra le varie funzioni aziendali. I diversi stakeholder aziendali definiscono le parole comuni in modo diverso. Ad esempio, prendiamo la parola "fattura". Una "fattura", dal punto di vista di un consumatore, può riferirsi al documento inviato per richiedere il pagamento. Agli occhi di un ingegnere informatico, una fattura può significare il processo di creazione di una fattura. In contabilità, "fattura" può riferirsi al documento inviato per richiedere il pagamento da parte di un cliente. Chiarire se un *data element* della fattura è un elemento fisico o un processo diventa necessario quando si generano i report delle fatture.

- **Garantisce una maggiore fiducia nei dati in tutta l'azienda:** non c'è niente di più frustrante che scoprire, al momento del lancio di un'applicazione, che la concezione delle esigenze aziendali da parte dell'IT non corrisponde alle intenzioni degli stakeholder. I dipendenti di tutta l'azienda pensano che l'IT non li abbia ascoltati. L'IT può ritenere che i colleghi non abbiano comunicato ciò che era necessario all'inizio del progetto del database. Disporre di un *glossario aziendale*, in cui siano chiarite le *differenze semantiche* all'interno dell'azienda, è uno strumento eccellente per mantenere tutti allineati quando si creano sistemi di database, un'applicazione o si aggiorna un dizionario dei dati.

Secondo DmBok2: "Lo *sviluppo e la documentazione di definizioni di dati standard riduce l'ambiguità e migliora la comunicazione. Le definizioni devono essere chiare, rigorose nella loro formulazione e spiegare eventuali eccezioni, sinonimi o varianti. Gli approvatori della terminologia dovrebbero includere rappresentanti dei principali gruppi di utenti. L'architettura dei dati può spesso fornire bozze di definizioni e suddivisioni per tipo dai modelli delle aree tematiche*". Questo infatti potrebbe essere il punto di partenza.

Per costruire un Business Glossary è necessario collegare i metadati di base e questo viene fatto nel **Data Dictionary.**

5. Data Dictionary

Il Dizionario dei dati, noto anche come *Repository dei dati*, è uno strumento essenziale per la *Data Governance*. Un *dizionario dei dati* è un catalogo di informazioni dettagliate sui dati di un'organizzazione, tra cui la definizione dei dati, la struttura dei dati, le relazioni tra i dati e le *politiche di sicurezza* e *privacy dei dati*.

In primo luogo, il *dizionario dei dati* è importante per la gestione efficiente dei dati in un'organizzazione. Consente agli utenti di accedere a una *descrizione tecnica* dettagliata dei dati utilizzati, che li aiuta a comprendere meglio i dati e a utilizzarli in modo più efficace. Inoltre, il *Dizionario dei dati* consente agli utenti di verificare l'integrità e la coerenza dei dati, contribuendo a garantirne la qualità.

Il Dizionario dei dati è una componente chiave della Data Governance, ovvero l'insieme di politiche, procedure e pratiche per la gestione dei dati in un'organizzazione. Il Dizionario dei dati aiuta a garantire la coerenza e la qualità dei dati fornendo una descrizione dettagliata dei dati e delle loro relazioni, consentendo agli analisti dei dati e agli altri utenti di avere fiducia nelle informazioni che stanno utilizzando.

Il dizionario dei dati è importante anche per la conformità alle norme e ai regolamenti in materia di dati. Ad esempio, molte normative richiedono alle organizzazioni di tenere un registro dettagliato di quali dati personali vengono raccolti e come vengono utilizzati. Il *dizionario dei dati* può essere uno strumento prezioso per soddisfare questi requisiti, in quanto fornisce un registro dettagliato dei dati e dei loro usi e dovrebbe mantenere la tracciabilità di tutti i dati.

Il *Dizionario dei dati* è strettamente legato ai metadati di base e la sua gestione è riservata agli utenti tecnici.

La realizzazione del *Dizionario dei dati* e del *Business Glossary* consente di creare con successo il *Data Catalog*, chiamato anche *Data Marketplace*.

6. Data Catalog

Il catalogo dei dati è una componente chiave della governance dei dati, in quanto aiuta a organizzare e controllare i dati in un'organizzazione. La sua importanza risiede nelle seguenti aree:

- **Descrizione dei dati:** Il catalogo dei dati fornisce informazioni dettagliate sui dati, tra cui il nome, la descrizione, il formato, la posizione e il proprietario. Queste informazioni sono essenziali per la comprensione e l'uso corretto dei dati. La descrizione dei dati è strettamente correlata al Business Catalog.
- **Facilita la collaborazione:** Il catalogo dei dati consente agli utenti di condividere informazioni sui dati e di collaborare alla definizione e all'utilizzo dei dati. Questo aumenta l'efficienza e riduce la possibilità di errori.
- **Migliorare la qualità dei dati:** Documentando le informazioni sui dati in un catalogo, è possibile garantire che le informazioni siano accurate e coerenti. Questo, a sua volta, migliora la qualità dei dati e consente di prendere decisioni migliori.
- **Facilita la gestione dei dati:** Il catalogo dei dati consente ai responsabili di monitorare e

controllare l'uso dei dati nell'organizzazione. Questo aiuta a prevenire l'uso improprio dei dati e garantisce il rispetto dei requisiti legali e normativi. In un moderno sistema *DataOPS* tutti i processi di autorizzazione, modifica o arricchimento sono mappati in modo che qualsiasi fase di modifica possa essere ricostruita in qualsiasi momento con i relativi controlli di autorizzazione e di escalation.

- **Maggiore efficienza:** una comprensione chiara e documentata dei dati riduce il tempo e l'impegno necessari per individuare e utilizzare i dati giusti. Questo migliora l'efficienza e aumenta la produttività.

In conclusione, il catalogo dei dati è una componente essenziale della governance dei dati che consente una migliore comprensione, collaborazione, qualità, gestione ed efficienza nella gestione dei dati. La sua implementazione è una parte fondamentale della creazione di una cultura della gestione dei dati forte ed efficace in un'organizzazione.

Data Marketplace: un Data Marketplace può essere esterno, ovvero può essere utilizzato per scambiare dati tra diverse organizzazioni o anche a livello individuale (ad esempio data trading, scambio di dati per organizzazioni o anche a livello individuale (ad esempio data trading, scambio di dati per la ricerca, portali di dati aperti, ...). ricerca, portali di dati aperti, ...), oppure può essere interno, dove le informazioni sono rese disponibili solo all'interno dell'ambiente controllato di un'organizzazione o di un gruppo di organizzazioni.

A livello pratico, quest'ultima si basa sulla costruzione di un grande bazar controllato in cui tutti gli asset informativi sono resi disponibili al pubblico.

Le risorse informative sono rese disponibili ai potenziali consumatori dai diversi produttori all'interno dell'ambiente controllato di un'organizzazione.[5]

Esistono tipicamente tre tipi di approcci su come gestire un *Data Marketplace*: nascondere i dati che alcuni profili non possono utilizzare, mostrare tutti i dati e gestire i processi di autorizzazione e i contratti sui dati con quegli asset che non sono direttamente collegati all'utente, mostrare tutti i dati grazie a ricerche semantiche in linguaggio naturale e attivare processi di autorizzazione per ogni asset sensibile.

Augmented Data Catalog: Il catalogo dati ampliato si distingue dalla sua controparte tradizionale per l'uso dell'apprendimento automatico per automatizzare le

---

[5] Dal Whitepaper "Come costruire un mercato dei dati per la vostra organizzazione" di Mario de Francisco Ruiz, Anjana Data

attività legate al mantenimento di un inventario delle risorse di dati. Il catalogo dati ampliato utilizza connettori nativi per analizzare grandi quantità di dati esistenti all'interno di un'organizzazione e compilare dati utilizzabili. L'automatizzazione di questo processo allevia la necessità per i data scientist o altri consumatori di dati di scoprire i dati, valutare se sono adatti per essere inventariati e quindi archiviarli nel catalogo dati. In questo modo, i moderni cataloghi di dati eliminano la possibilità di errore umano e raccolgono dati accurati e in grado di tenere il passo con le attuali richieste di dati. Il catalogo dati ampliato analizza anche i dati per identificare i modelli e i descrittori necessari per la classificazione dei dati, consentendo di organizzare i dati in modo intelligente per facilitarne l'accesso.

Sfruttando l'apprendimento automatico, le aziende possono ottenere molti vantaggi che consentono di utilizzare meglio le risorse. In primo luogo, tutte le applicazioni aziendali vengono unificate in un unico catalogo, riducendo il tempo che si perderebbe nell'identificare i dati appropriati e nel cercare i silos di dati che contengono informazioni rilevanti. Inoltre, i cataloghi di dati aumentati dispongono di funzionalità di ricerca che consentono di sfogliare e filtrare i dati per trovarli in modo appropriato. Tuttavia, i moderni cataloghi di dati funzionano meglio in combinazione con altri strumenti di gestione dei metadati per fornire un

20 cose da sapere sul Data Management

quadro olistico dei metadati. La raccomandazione di *Gartner* alle aziende orientate ai dati è di assicurarsi di investire in un catalogo dati che possa "crescere sinergicamente dalla capacità del catalogo per aggiungere altre importanti funzionalità di metadati come richiesto".

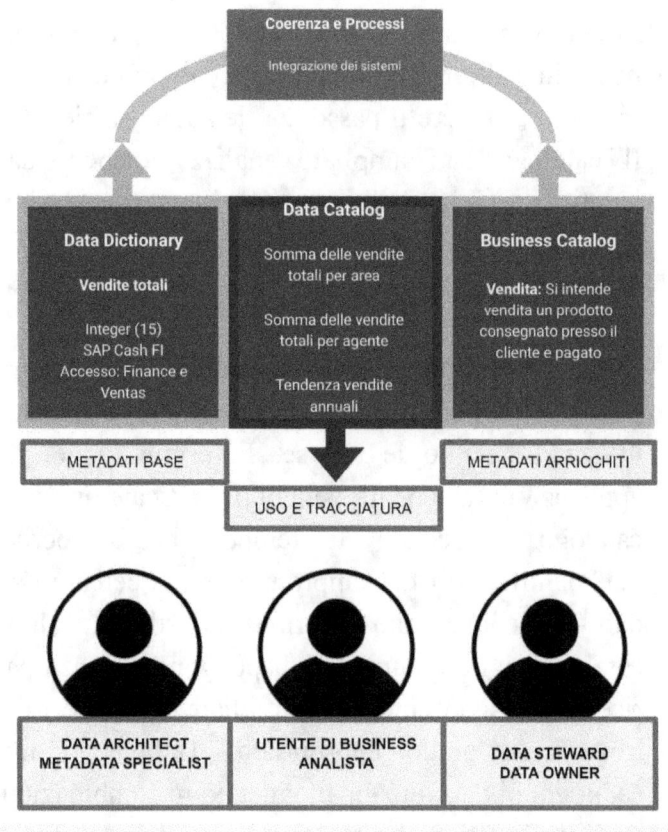

7. ETL

L'ETL (extract, transform, load) è un processo chiave nella gestione dei dati che consente di integrare i dati provenienti da varie fonti in un sistema centralizzato. Questo processo è suddiviso in tre fasi: estrazione, trasformazione e caricamento.

1. **Estrazione:** In questa fase, i dati vengono estratti dalle varie fonti, come database, file, sistemi informativi e altro. Questa fase è fondamentale per l'integrità dei dati, poiché i dati estratti devono essere accurati e coerenti.
2. **Trasformazione:** In questa fase vengono eseguite la pulizia e la trasformazione dei dati estratti. Questa fase è essenziale per garantire la coerenza e l'integrità dei dati e consente l'unificazione dei dati per l'utilizzo nel sistema centralizzato.
3. **Caricamento:** in questa fase, i dati trasformati vengono caricati nel sistema centralizzato, di solito in un *data warehouse* o in un *data lake*. Questa fase è fondamentale per il corretto funzionamento del sistema, poiché i dati caricati devono essere accessibili e coerenti.

L'ETL è un processo che richiede un approccio metodico e rigoroso per garantire l'integrità e la coerenza dei dati. Ciò include la definizione di politiche e procedure chiare, la documentazione dei processi e l'utilizzo di strumenti e tecnologie di qualità per l'estrazione, la trasformazione e il caricamento dei dati.

Inoltre, l'ETL deve essere continuamente aggiornato e migliorato per adattarsi alle modifiche delle fonti di dati e ai requisiti del sistema centralizzato. Pertanto, il monitoraggio costante e la gestione efficace degli errori e delle eccezioni nel processo ETL sono essenziali.

In conclusione, l'ETL è un processo fondamentale per l'integrazione dei dati che consente di unificare e centralizzare i dati per un uso efficace. La sua corretta implementazione e gestione sono essenziali per garantire l'integrità e la coerenza dei dati in un sistema centralizzato.

Problemi di ETL: l'ETL è un processo noioso e lungo, un processo di caricamento può fallire perché il modello e la ridondanza non sono chiari fin dall'inizio.

L'ETL non è dinamico, se ci accorgiamo di non aver incluso una tabella dobbiamo riprogettare il processo da zero.

L'ETL è lento. Per questo motivo sono nate soluzioni

intermedie come i cubi OLAP multidimensionali.

Se i processi ETL vengono utilizzati soprattutto per i dati strutturati grazie alle nuove tecnologie, si comincia a parlare di ELT.

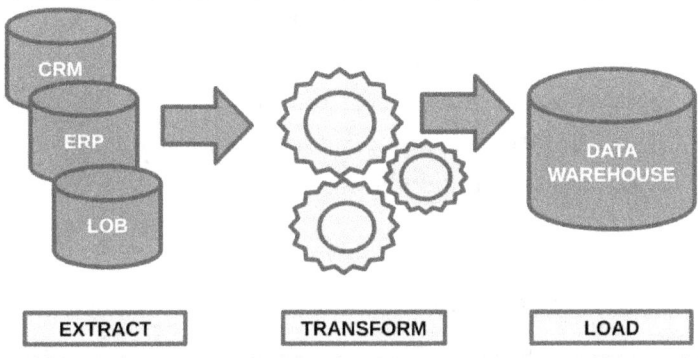

8. ELT

L'ELT (extract, load, transform) è un processo di integrazione dei dati che consente di integrare grandi volumi di dati provenienti da varie fonti in un sistema centralizzato. A differenza dell'ETL, in cui i dati vengono trasformati prima di essere caricati nel sistema centralizzato, nell'ELT i dati vengono prima caricati e poi trasformati. Ciò è dovuto principalmente ai nuovi orizzonti aperti dal Cloud.

1. **Estrazione:** come nell'ETL, nella fase di estrazione i dati vengono estratti dalle varie fonti. La differenza principale con l'ETL è che nell'ELT i dati vengono estratti direttamente nel sistema centralizzato.
2. **Caricamento:** in questa fase, i dati estratti vengono caricati nel sistema centralizzato. Grazie alla capacità di elaborazione e archiviazione dei moderni sistemi centralizzati, è possibile caricare grandi volumi di dati in modo rapido ed efficiente.
3. **Trasformazione:** In questa fase vengono effettuate la pulizia e la trasformazione dei dati caricati nel sistema centralizzato. La trasformazione viene eseguita con tecniche di elaborazione parallela, che consentono una

maggiore efficienza nella gestione di grandi volumi di dati.

L'ELT è una soluzione ideale per grandi volumi di dati, in quanto consente un caricamento rapido ed efficiente dei dati nel sistema centralizzato, che a sua volta consente una trasformazione più rapida dei dati. Inoltre, l'ELT permette di utilizzare tecnologie di elaborazione parallela e tecniche di analisi dei dati avanzate, consentendo una maggiore efficienza nella gestione dei dati.

Tuttavia, l'ELT richiede anche un approccio metodico e rigoroso per garantire l'integrità e la coerenza dei dati. Ciò include la definizione di politiche e procedure chiare, la documentazione dei processi e l'utilizzo di strumenti e tecnologie di qualità per l'estrazione, il caricamento e la trasformazione dei dati.

In conclusione, l'ELT è un processo di integrazione dei dati che consente di caricare in modo rapido ed efficiente grandi volumi di dati in un sistema centralizzato. È una soluzione ideale per grandi volumi di dati e consente una maggiore velocità ed efficienza nella gestione dei dati.

DELT: L'ELT dichiarativo è una delle caratteristiche più moderne per i processi di caricamento dei dati. Si tratta di una tecnologia proprietaria di **Irion**[6] in cui il motore orchestra e sincronizza l'elaborazione dei dati e il piano di controllo con algoritmi intelligenti, consentendo ai professionisti della gestione dei dati di lavorare in un ambiente auto-adattivo e guidato dai metadati. L'approccio dichiarativo consente al motore DELT™ di raggiungere elevati livelli di prestazioni massimizzando il parallelismo delle fasi di elaborazione. L'architettura DELT™ è progettata per lavorare in modo efficiente con grandi volumi di dati utilizzando motori orientati agli insiemi. L'ingegnere dei dati si occupa degli aspetti semantici delle soluzioni, delegando alla piattaforma la gestione automatica delle strutture di dati.

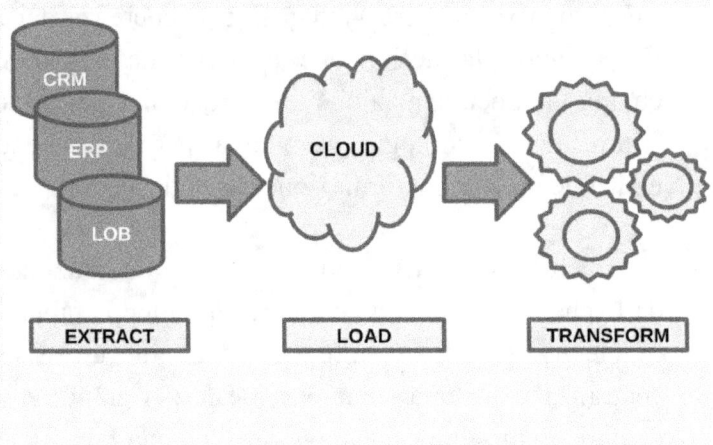

---

[6] Irion è una piattaforma di gestione dei dati end-to-end all-in-one http://irion-edm.com/es

9. Master Data

I dati master sono un concetto chiave nel mondo della gestione dei dati. Si riferisce alle informazioni critiche e fondamentali che vengono utilizzate in tutte le aree di un'organizzazione, tra cui finanza, operazioni, marketing, risorse umane e altro. Queste informazioni sono considerate di vitale importanza per l'azienda, in quanto consentono di prendere decisioni informate e di migliorare l'efficienza dei processi.

I dati anagrafici comprendono informazioni chiave come nomi di prodotti, clienti, fornitori, dipendenti, località geografiche e altro ancora. Queste informazioni sono fondamentali per un'ampia gamma di attività, dalla gestione dei clienti al processo decisionale, dall'analisi di mercato alla pianificazione strategica.

Uno degli aspetti più importanti dei *dati master* è che aiutano a garantire la coerenza e l'integrità dei dati. Disporre di un'unica fonte autorevole di informazioni chiave evita la duplicazione e la ridondanza dei dati, che possono portare a decisioni errate e a una riduzione dell'efficienza. Inoltre, i dati master consentono una migliore collaborazione e visibilità all'interno dell'organizzazione, facilitando il processo decisionale.

Tuttavia, la corretta gestione dei dati master rappresenta

una sfida importante per molte aziende. Le informazioni critiche sono spesso archiviate in sistemi e applicazioni diversi, il che può portare a una mancanza di integrità e coerenza dei dati. Inoltre, la crescente quantità di dati e la complessità dei processi aziendali possono rendere difficile mantenere una visione completa e aggiornata dei dati master.

Per questo motivo, è importante implementare un approccio di data governance per i dati *master*. Ciò include la definizione di politiche e procedure per la gestione, l'archiviazione e l'aggiornamento delle informazioni chiave. Inoltre, è necessario disporre di strumenti e tecnologie per automatizzare e ottimizzare i processi di gestione dei dati.

I dati anagrafici non devono essere confusi con i dati di riferimento, in quanto questi ultimi sono un insieme di dati utilizzati come riferimento in diverse applicazioni e sistemi. Questi dati includono informazioni statiche, come i codici paese, i tipi di valuta, i codici postali e altri ancora. Questo tipo di dati viene utilizzato per categorizzare e arricchire i dati delle transazioni. È strettamente correlato ai dati anagrafici, ma non è la stessa cosa.

In breve, i dati master sono informazioni critiche utilizzate in diversi sistemi di un'organizzazione, mentre i dati di riferimento sono un insieme di dati utilizzati come riferimento in diverse applicazioni.

L'implementazione dei dati master richiede uno sforzo significativo, poiché l'organizzazione deve sempre porsi alcune domande:

A quali funzioni, organizzazioni, luoghi e cose si fa ripetutamente riferimento?

Quali dati vengono utilizzati per descrivere persone, organizzazioni, luoghi e cose?

Come vengono definiti e strutturati i dati, compresa la loro granularità?

Dove vengono creati/elaborati, archiviati, resi disponibili e accessibili i dati?

Come cambiano i dati nel corso del loro passaggio attraverso i sistemi dell'organizzazione? Chi utilizza i dati e per quali scopi?

Quali criteri vengono utilizzati per comprendere la qualità e l'affidabilità dei dati e delle loro fonti?

Le tre fasi della gestione dei dati master secondo DmBok2:

20 cose da sapere sul Data Management

Consolidamento dei dati: processo di acquisizione di dati anagrafici da più fonti e di integrazione in un unico centro (data warehouse operativo) da replicare in altri sistemi di destinazione.

Federazione dei dati: Il processo di fornitura di un'unica vista virtuale dei dati anagrafici da una o più fonti a uno o più sistemi di destinazione.

Propagazione dei dati: Il processo di copia dei dati anagrafici da un sistema a un altro, in genere attraverso interfacce point-to-point nei sistemi legacy.

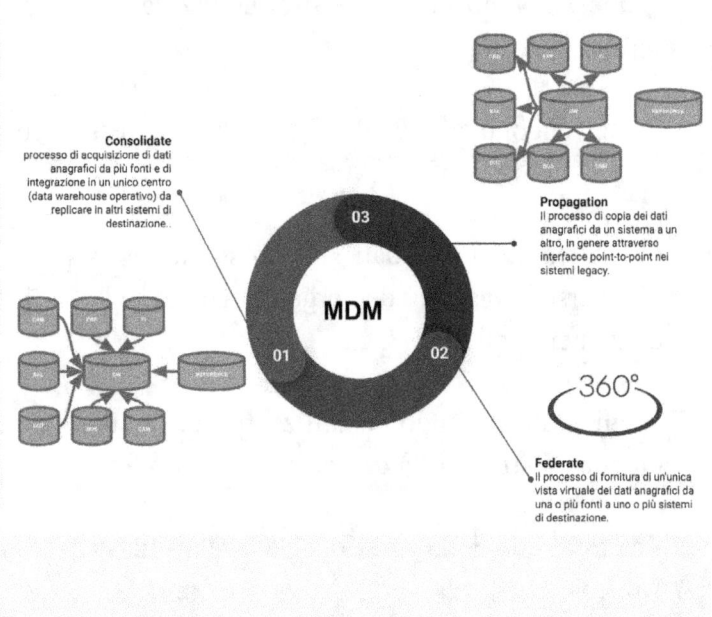

10. Data Lake

Un *Data Lake è un* sistema di archiviazione di *dati non strutturati* che consente di memorizzare grandi quantità di informazioni nel loro formato originale e senza la necessità di una classificazione e organizzazione preventiva. Ciò consente una maggiore flessibilità e agilità nell'analisi dei dati, in quanto è possibile applicare diversi tipi di analisi e modelli senza doversi preoccupare della precedente strutturazione dei dati.

Il *Data Lake* permette anche di immagazzinare dati strutturati, con elevata disponibilità e scalabilità.

Uno dei principali vantaggi di un *Data Lake* è la capacità di integrare dati provenienti da fonti diverse, consentendo una visione più completa e dettagliata dei dati e un migliore processo decisionale.

In termini di implementazione, un *Data Lake* può essere costruito nel cloud o in un ambiente on-premise. Nel cloud, servizi come *Amazon S3* e *Microsoft Azure* sono popolari per l'implementazione dei *Data* Lake, mentre negli ambienti on-premise, *Apache Hadoop*[7] è una delle opzioni più utilizzate.

---

[7] Apache Hadoop è un framework software a licenza libera per la programmazione di applicazioni distribuite che gestiscono grandi volumi di dati, che consente alle applicazioni di lavorare con migliaia di nodi in rete e petabyte di dati.

Un ***Data Lake Warehouse*** è una combinazione di un *data lake* e di un *data warehouse* che unisce queste due tecnologie per consentire l'archiviazione di grandi quantità di dati non strutturati, nonché l'organizzazione e l'analisi dei dati in modo più efficiente. Ciò consente alle organizzazioni di avere una visione più completa e unificata dei propri dati e di migliorare l'efficienza del processo decisionale.

I dati strutturati sono dati organizzati in modo chiaro e ordinato, seguendo uno schema definito. Questi dati possono essere archiviati, elaborati e analizzati in modo efficiente utilizzando database e strumenti di analisi dei dati. Esempi di dati strutturati sono nomi, date, numeri e categorie.

I dati *non strutturati*, invece, sono dati che non seguono una struttura definita e possono essere più difficili da elaborare e analizzare. Questi dati comprendono immagini, video, audio, testo libero e altre forme di contenuto multimediale. A causa della sua natura non strutturata, è necessario utilizzare tecniche di elaborazione del linguaggio naturale e di apprendimento automatico per analizzare ed estrarre informazioni utili.

I metadati diventano ancora più fondamentali per la comprensione dei dati non strutturati. Quando si parla di dati strutturati si parla quasi sempre di un database. Un database è un insieme organizzato di dati memorizzati e accessibili in formato digitale. Viene utilizzato per raccogliere, archiviare, gestire e analizzare le informazioni.

Il termine "Data Lake" deriva da un post sul blog di James Dixon, CTO di Pentaho[8], dell'ottobre 2010, in cui rifletteva sul lavoro svolto per lanciare la prima distribuzione Hadoop[9] e su ciò che aveva imparato interagendo con diverse aziende che utilizzavano Hadoop in quel periodo. Analizzando i fattori comuni riscontrati in questi casi, ha concluso che la stragrande maggioranza di queste aziende aveva a che fare con dati strutturati o semistrutturati provenienti in genere da un'unica applicazione o sistema, in un volume che rendeva tecnicamente o economicamente impraticabile l'uso di un sistema di database relazionale per memorizzarli, e che mentre alcune delle domande che volevano porre sui dati erano note in anticipo, molte non lo erano e sarebbero emerse in futuro.

Le aziende che costruiscono data lake di successo aumentano gradualmente la maturità del loro data lake man mano che determinano quali dati e metadati sono

---

[8] Pentaho BI Suite è un insieme di software gratuiti per la generazione di informazioni aziendali (Business Intelligence) di proprietà di Hitachi Vantara. Include strumenti integrati per il reporting, il data mining, l'ETL e altro ancora. Versione stabile 2021 9.2
[9] Apache Hadoop è un framework software a licenza libera per la programmazione di applicazioni distribuite che gestiscono i big data. Consente alle applicazioni di lavorare con migliaia di nodi in rete e petabyte di dati. Hadoop è stato ispirato dai documenti di Google su MapReduce e Google File System.

importanti per l'organizzazione. Un'altra critica mossa al termine "data lake" è che non è utile perché viene utilizzato in molti sensi diversi. Può essere usato per riferirsi, ad esempio, a: qualsiasi strumento o pratica di gestione dei dati che non sia un data warehouse; una particolare tecnologia per la sua implementazione; un repository per i dati grezzi; un nodo per l'estrazione, la trasformazione e il caricamento; o un nodo centrale per l'analisi dei dati self-service. Molte aziende hanno cercato di impadronirsi del termine "data lake" ma senza successo. Si può riferire direttamente ad un prodotto o ad un insieme di tool e tecniche. I vantaggi di un Data Lake includono:

Scalabilità: un Data Lake può gestire grandi quantità di dati di diversi formati e provenienze, senza dover preoccuparsi di definire in anticipo uno schema rigido per i dati.
Flessibilità: i dati possono essere estratti dal Data Lake in modo più flessibile rispetto ad altre architetture, permettendo l'esplorazione e l'analisi dei dati in modi diversi e con strumenti diversi.
Costo: rispetto ad altre architetture, un Data Lake può essere meno costoso in termini di infrastruttura, in quanto non richiede la creazione di un modello di dati rigoroso.

Gli svantaggi di un Data Lake includono:

Complessità: i dati in un Data Lake non sono strutturati e possono richiedere un lavoro significativo per organizzarli e renderli disponibili per l'analisi.

Rischio sulla sicurezza: la mancanza di una struttura rigida per i dati nel Data Lake può rendere difficile garantire la sicurezza dei dati e proteggerli da accessi non autorizzati.

Qualità dei dati: in un Data Lake possono essere presenti dati incompleti, duplicati o errati, che possono influire negativamente sull'accuratezza dei risultati dell'analisi.

11. Data Warehouse

Un *data warehouse* è un sistema di archiviazione dei dati progettato specificamente per l'analisi dei dati. Si tratta di una soluzione centralizzata che consente l'integrazione di dati provenienti da fonti diverse e la loro trasformazione in un formato strutturato che facilita l'analisi.

L'obiettivo principale di un *Data Warehouse* è fornire una visione consolidata, coerente e storica dei dati aziendali che consenta agli analisti di prendere decisioni basate su informazioni accurate e aggiornate. A tal fine, i dati vengono estratti da diverse fonti, integrati e archiviati in un formato strutturato che consente un facile accesso e analisi.

Un *data warehouse* è composto da tre elementi principali: data warehousing, data integration e data transformation. Il data warehousing viene eseguito in un database relazionale ottimizzato per l'analisi dei dati, mentre l'integrazione e la trasformazione dei dati vengono eseguite con strumenti *ETL* (Extract, Transform, Load).

Uno dei principali vantaggi di un *Data Warehouse* è la

sua capacità di integrare dati provenienti da fonti diverse, consentendo una visione più completa e dettagliata dei dati e un migliore processo decisionale. Inoltre, i dati sono archiviati in un formato strutturato che facilita l'analisi e consente lo sviluppo di query complesse e l'utilizzo di strumenti di *Business Intelligence*.

Un altro importante vantaggio di un *data warehouse* è la sua capacità di scalare in modo efficiente, consentendo l'archiviazione e l'elaborazione di grandi quantità di dati. Inoltre, la pre-strutturazione dei dati consente analisi e interrogazioni più rapide.

In termini di implementazione, un Data Warehouse può essere costruito nel cloud o in un ambiente on-premise. Nel cloud, servizi come *Amazon Redshift* e *Microsoft Azure* sono molto diffusi per l'implementazione di Data Warehouse, mentre negli ambienti on-premise si utilizzano soprattutto soluzioni come *Oracle* e *SQL Server*.

In conclusione, un *Data Warehouse* è una soluzione efficiente per l'analisi dei dati che consente di integrare e archiviare i dati provenienti da fonti diverse in un formato strutturato che ne facilita l'analisi. La sua capacità di scalare in modo efficiente, di integrare dati provenienti da fonti diverse e di memorizzarli in un formato strutturato ne fa una soluzione interessante per le aziende di tutte le dimensioni. Utilizzando i *Data Mart*[10] e i cubi per l'analisi multidimensionale, il data warehouse è uno strumento indispensabile in un moderno *data stack*.

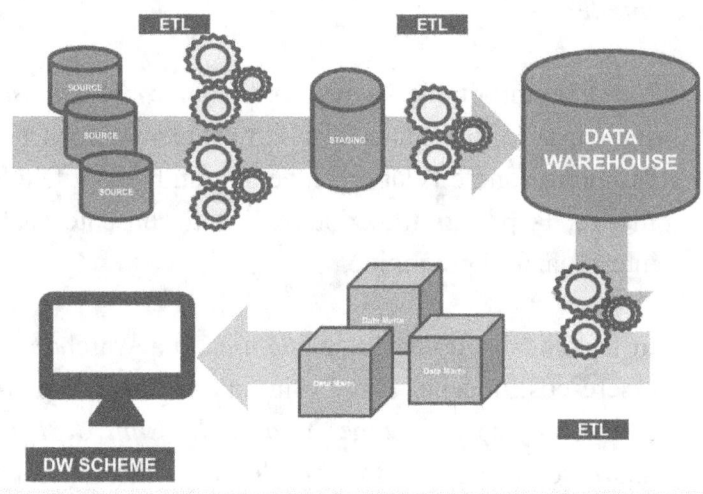

I vantaggi del Data Warehouse includono:

- Consente **l'integrazione** di dati provenienti da molteplici fonti, consentendo agli utenti di avere una visione completa e coerente dei dati aziendali.
- Offre **supporto per l'analisi dei dati** tramite

---

[10] Un data mart è una versione specifica di un data warehouse focalizzata su un argomento o un'area aziendale all'interno di un'organizzazione. Si tratta di sottoinsiemi di dati destinati ad aiutare un'area specifica dell'azienda a prendere decisioni migliori.

strumenti di business intelligence, consentendo agli utenti di prendere decisioni migliori e più informate.
- **Migliora le prestazioni delle query** sui dati, fornendo un accesso rapido ai dati aggregati in modo da poter effettuare analisi e reportistica complessa in modo più efficiente.
- **Fornisce una solida base di dati storici** che possono essere utilizzati per l'analisi di tendenze, l'identificazione di pattern e la valutazione delle prestazioni aziendali nel tempo.

Gli svantaggi del Data Warehouse includono:

- **È costoso da implementare e mantenere**, soprattutto se ci sono molte fonti dati da integrare.
- **Richiede tempo** e risorse significative per l'elaborazione e l'aggiornamento dei dati.
- Il **processo di estrazione, trasformazione e caricamento (ETL) può essere complesso** e richiedere una conoscenza tecnica avanzata.
- Potrebbe non essere adatto per le imprese che non richiedono analisi dettagliate dei dati o che non dispongono di molte fonti dati da integrare. E che non devono confrontarsi con dati storici.

12. OLAP, ROLAP, MOLAP, DOLAP e HOLAP

I cubi *OLAP* (Online Analytical Processing) sono una tecnica di analisi dei dati che consente di analizzare grandi quantità di informazioni in modo rapido ed efficiente. I cubi *OLAP* si basano su una struttura multidimensionale che consente di memorizzare e analizzare i dati in modo da facilitare l'identificazione di modelli e tendenze.

I cubi OLAP sono classificati in quattro tipi: *ROLAP, MOLAP, HOLAP* e *DOLAP*. Ogni tipo di cubo OLAP si differenzia per il modo in cui memorizza ed elabora i dati.

ROLAP (Relational OLAP) è un tipo di cubo OLAP che utilizza un database relazionale per memorizzare ed elaborare i dati. I dati sono memorizzati in un formato strutturato e sono accessibili tramite query SQL. I cubi ROLAP sono utilizzati in ambienti in cui sono richieste grandi quantità di dati ed elevate prestazioni di interrogazione.

MOLAP (Multidimensional OLAP) è un tipo di cubo OLAP che utilizza una struttura multidimensionale per memorizzare ed elaborare i dati. I dati sono memorizzati in un formato strutturato e possono essere consultati con query OLAP. I cubi MOLAP sono utilizzati in ambienti che richiedono un'elevata velocità di elaborazione e un'alta capacità di archiviazione dei dati.

HOLAP (Hybrid OLAP) è un tipo di cubo OLAP che combina le caratteristiche dei cubi ROLAP e MOLAP. I dati vengono memorizzati in un database relazionale e in una struttura multidimensionale. I cubi HOLAP sono utilizzati in ambienti in cui è richiesta una combinazione di elevate prestazioni di interrogazione e velocità di elaborazione.

DOLAP (Desktop OLAP) è un tipo di cubo OLAP che viene eseguito su una workstation e consente l'analisi dei dati in un ambiente locale. I cubi DOLAP sono utilizzati in ambienti in cui è necessaria una soluzione di analisi dei dati che funzioni in modo efficiente in un ambiente locale.

In conclusione, i cubi OLAP sono una tecnica di analisi dei dati che consente di analizzare grandi quantità di informazioni in modo rapido ed efficiente. I cubi OLAP sono classificati in quattro tipi: ROLAP, MOLAP, HOLAP e DOLAP e si differenziano per il modo in cui memorizzano ed elaborano i dati.

I cubi OLAP sono utilizzati per l'analisi multidimensionale. L'analisi multidimensionale è un approccio all'esplorazione e all'analisi dei dati che consente di visualizzare e analizzare le informazioni da diverse prospettive e dimensioni.

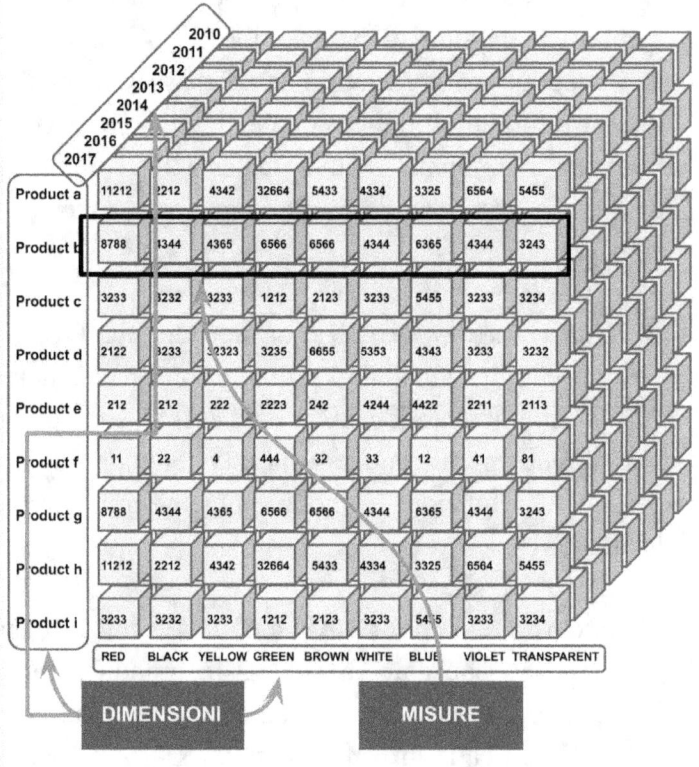

I modelli di analisi multidimensionale includono anche:

Modello a stella: una struttura di dati che rappresenta una gerarchia di categorie e sottocategorie, dove ogni categoria è suddivisa in più sottocategorie (*Kimball*).[11]

Modello a sfera: struttura di dati che rappresenta una gerarchia di categorie e sottocategorie, in cui ogni categoria è suddivisa in più sottocategorie e ogni sottocategoria è suddivisa in ulteriori sottocategorie.

Modello ad albero: struttura gerarchica di dati che rappresenta categorie e sottocategorie, con ogni livello della gerarchia che rappresenta una categoria più specifica.

Modello a fiocco di neve: una forma di progettazione di database multidimensionali. Il nome deriva dalla sua struttura a fiocco di neve, che consente una maggiore flessibilità e scalabilità rispetto ad altri modelli di analisi multidimensionale come il modello a stella o il modello a cubo. Nel modello Snowflake, le dimensioni sono memorizzate in tabelle separate e correlate da *chiavi esterne*[12]. Ciò consente una maggiore *normalizzazione dei* dati, che migliora l'efficienza di archiviazione e la

---

[11] Ralph Kimball è un autore sul tema del data warehousing e della business intelligence. È uno degli architetti originali del data warehousing ed è noto per la sua convinzione a lungo termine che i data warehouse debbano essere progettati per essere comprensibili e veloci. È il padre del concetto di modello stellare.

[12] Nel contesto dei database relazionali, una chiave esterna è un vincolo referenziale tra due tabelle. La chiave esterna identifica una colonna o un gruppo di colonne di una tabella che fa riferimento a una colonna o a un gruppo di colonne di un'altra tabella.

velocità di interrogazione. Inoltre, il modello *Snowflake* consente di gestire dimensioni con diversi livelli di dettaglio, il che facilita l'analisi a diversi livelli di aggregazione (*Inmon*).[13]

Questi modelli sono strumenti utili per visualizzare e analizzare grandi quantità di dati e aiutano a identificare modelli e tendenze che possono essere importanti per il processo decisionale.

---

[13] William H. Inmon è un informatico americano, riconosciuto da molti come il padre del data warehouse. Inmon ha scritto il primo libro, ha tenuto la prima conferenza, ha scritto la prima rubrica su una rivista ed è stato il primo a offrire corsi sul data warehousing.

13. Data Fabric

Secondo *Gartner*, il *Data Fabric* è un'architettura e un insieme di servizi di dati che fornisce funzionalità coerenti in una varietà di ambienti, da quelli on-premise al cloud. Il Data Fabric semplifica e integra la gestione dei dati on-premise e nel cloud, accelerando la trasformazione digitale. Come possiamo convincere le aziende che i dati sono assolutamente trasversali? Come possiamo fare una solida valutazione dei dati? Il Data Fabric può aiutarci in questo? Possiamo ridurre i silos di dati? Il Data Fabric è certamente una delle possibili soluzioni a tutti questi problemi.

Gartner definisce il *data fabric* come un concetto di design che funge da strato integrato (fabric) di dati e processi di connessione. Un data fabric utilizza l'analisi continua degli asset *di metadati* esistenti per supportare la progettazione, la distribuzione e l'utilizzo di dati integrati e riutilizzabili in tutti gli ambienti, ed è una necessità per le organizzazioni data-driven: "*L'approccio data fabric può migliorare i modelli tradizionali di gestione dei dati e sostituirli con un approccio più reattivo e incluso proattivo. Offre ai responsabili D&A la possibilità di ridurre la varietà di piattaforme integrate di gestione dei dati e di fornire flussi di dati e opportunità di integrazione inter-aziendali*".

Per questo motivo è necessario un approccio *end-to-end,* ovvero una piattaforma in grado di operare lungo l'intera catena dei dati, dall'ingestione dei dati alla loro valorizzazione e visualizzazione.

Un approccio completamente virtuale (un *sistema LDW* basato su query) ha il limite di non poter materializzare tutti i processi e, soprattutto, non consente un audit completo nel tempo in ambienti altamente regolamentati, come quelli bancari e assicurativi. Il *Logical Data Warehouse (LDW)* è un approccio che può risolvere alcuni requisiti specifici, ma non trova posto nei processi strutturati. L'ente regolatore potrebbe non solo chiederci come viene eseguito un certo processo di estrazione e il suo percorso, ma potrebbe anche voler vedere la replica di un certo processo in una certa data per vedere tutte le trasformazioni e tutti i processi che sono stati coinvolti.
In genere, quando ci rivolgiamo a un'azienda per qualsiasi tipo di progetto sui dati, ci imbattiamo in uno scenario tipicamente frammentato. Le aziende tendono a incorporare gli strumenti secondo una *logica commerciale* del momento storico dell'azienda. È quindi normale trovare un mosaico di strumenti diversi: Avremo fonti di dati, diversi data warehouse di diversi fornitori, motori analitici, motori di reporting, cubi OLAP e così via. Nel migliore dei casi, possono provenire dallo stesso fornitore, ma ci sono ancora alcuni problemi da risolvere: *come automatizzare il*

flusso di lavoro? Come gestire i metadati? Come documentare i processi? E la responsabilità? Come rispondere alle autorità di regolamentazione? È allora che ci chiediamo, a livello di architettura, se forse avremmo dovuto agire in modo diverso.

Un approccio di gestione dei dati aziendali (*EDM*), in cui tutte le risorse di dati sono concentrate su un'unica piattaforma, sarebbe la soluzione ottimale. Inoltre, secondo DAMA, l'*eliminazione dei silos* e la piena tracciabilità dovrebbero essere al centro di qualsiasi progetto sui dati. Il concetto di Data Fabric può essere una soluzione? Secondo *Gartner*, Data Fabric riduce i tempi di progettazione dell'integrazione del 30%, l'implementazione di un altro 30% e la manutenzione del 70%, poiché i progetti tecnologici si basano sulla capacità di utilizzare/riutilizzare e combinare diversi stili di integrazione dei dati. Inoltre, i data fabric possono sfruttare le competenze e le tecnologie esistenti di *data hub*, *data lake* e *data warehouse*, introducendo al contempo nuovi approcci e strumenti per il futuro. In questo senso, mentre una piattaforma all-in-one con funzionalità di interoperabilità completa è un buon approccio, l'implementazione di un data fabric non dovrebbe richiedere un grande investimento tecnologico da parte del cliente. Un Data Fabric dovrebbe integrare quello che c'è e non aggiungere ulteriori layer di integrazione. Questo grazie alla piena interoprabilità ed uno sfruttamento piú spinto dei *metadati*.

Almeno tre dei pilastri strettamente interconnessi identificati da *Gartner* per il *data fabric* sono direttamente collegati ai metadati:

- **Catalogo di dati aumentati:** un catalogo di informazioni disponibili con caratteristiche distintive volte a supportare un uso attivo dei metadati che possa garantire la massima efficienza dei processi di gestione dei dati;
- **Grafo semantico della conoscenza:** rappresentazione grafica della semantica e delle ontologie di tutte le entità coinvolte nella gestione degli asset di dati; ovviamente, i componenti di base rappresentati in questo modello sono i metadati;
- **Metadati attivi:** metadati utili da analizzare per individuare le opportunità di un'elaborazione e di un utilizzo più semplice e ottimizzato degli asset di dati: file di log, transazioni, login degli utenti, piano di ottimizzazione delle query.

Il Data Fabric incentrato sui metadati ci offre tutti gli altri vantaggi che sono molto importanti quando si tratta di dare priorità alle azioni sugli asset di dati. Se ci concentriamo sulla capacità di dare un valore interno ai nostri dati in base a diversi parametri, saremo in grado di dedicare risorse "in base" al valore intrinseco dei dati. Immaginate quanto possono valere i dati di un cliente, quando questo valore aumenta in base alla sua importanza, al suo portafoglio, alla sua storia di vendite, quando. Quanto questo stesso valore diminuisce in base all'imprecisione delle informazioni che abbiamo su di lui. Questo ci permette anche di capire quanto può costare una cattiva gestione dei dati in base agli obblighi normativi.

Se diamo un valore a tutti i dati, e in particolare ai metadati, possiamo rispondere a domande molto interessanti come: *quali sono i Data Steward che gestiscono i dati di maggior valore per l'azienda? Come dobbiamo dare priorità alle azioni di qualità in base al valore che questi asset di dati rappresentano?* Se uno strumento di governance sfrutta il paradigma **Governance by Design**, ci permetterà di attribuire un valore interno (cioè organizzativo) ed esterno basato sulla perdita di questo asset o sulla sua vendita. Quanto valgono i dati dei clienti per i nostri *competitor*? Nel libro "*Infonomics*" di *Doug Laney*, troviamo decine di esempi di come possiamo dare valore ai dati. Questo potrebbe dover essere fatto a partire dai metadati, quindi lo strumento o la suite di Data Governance deve essere in grado di arricchire i metadati con altri attributi senza perdere la discendenza dei dati.

Recentemente *Gartner* ha previsto, in una delle sue ricerche, che il mercato dei data fabric sarebbe stato la nuova tendenza per l'analisi e l'elaborazione dei dati.

Si stima infatti che il 74% delle organizzazioni stia cercando attivamente nuovi strumenti di automazione delle informazioni per la propria azienda. È quindi chiaro che c'è una richiesta urgente da parte delle aziende data-driven e il data fabric sembra essere una soluzione plausibile per chi vuole esplorare i dati al meglio senza perdersi nel tentativo di costruire complessi processi di integrazione facendo ricorso a processi ETL o ELT con il rischio di perdere informazioni nel cammino.

Un'altra previsione, secondo Gartner, è che entro il 2023 il 30% delle organizzazioni sfrutterà l'intelligenza collettiva dei propri analytics e supererà i concorrenti che si affidano esclusivamente agli analytics centralizzati.

Se il data fabric utilizza un concetto di interoperabilità di tipo hub-and-spoke esiste un altro paradigma che utilizza la somma di micro-servizi: Il *Data Mesh*

14. Data Mesh

Data Mesh[14] è un'architettura di gestione dei dati che mira a fornire un modo più efficiente e scalabile di lavorare con i dati nelle grandi organizzazioni. A differenza di altre soluzioni di gestione dei dati, *Data Mesh* adotta un *approccio decentralizzato*, consentendo ai team aziendali e di sviluppo di lavorare con i dati in modo autonomo ed efficiente.

Nel contesto della gestione dei dati, un approccio centralizzato è spesso incentrato su un singolo team o dipartimento responsabile di tutte le operazioni di gestione dei dati, dalla raccolta alla distribuzione. Questo approccio può essere inefficiente, in quanto limita la flessibilità e l'agilità dei team che si affidano ai dati per svolgere le loro attività quotidiane.

D'altro canto, l'approccio decentralizzato Data Mesh si basa sull'idea che i dati debbano essere considerati una risorsa critica per l'organizzazione, con team specializzati che li gestiscono e li utilizzano per raggiungere i loro obiettivi. In questo modello, ogni

---

[14] Il termine Data Mesh è stato definito per la prima volta da Zhamak Dehghani nel 2019, mentre lavorava come consulente senior presso l'azienda tecnologica Thoughtworks. Dehghani ha introdotto il termine nel 2019 e ha poi fornito maggiori dettagli sui suoi principi e sulla sua architettura logica nel corso del 2020. È stato previsto che il processo sarà un "importante concorrente" per le aziende entro il 2022.

team di business o di sviluppo ha chiare responsabilità sui dati e ciascuno è libero di gestirli e utilizzarli in modo autonomo.

Inoltre, *Data Mesh* si basa sulla filosofia dell'architettura a *microservizi*[15] , che si concentra sulla costruzione di applicazioni a partire da componenti piccoli, indipendenti e riutilizzabili. In questo modo, i team possono lavorare con i dati in modo più efficiente e scalabile e l'organizzazione può sfruttare la flessibilità e l'agilità dell'architettura a microservizi per migliorare la propria reattività ai cambiamenti del mercato.

Un altro aspetto importante di *Data Mesh* è la trasparenza e la fiducia nei dati. La gestione centralizzata dei dati può portare a incertezze sulla qualità e l'integrità dei dati, ma *con Data Mesh ogni team è responsabile della qualità dei dati che gestisce e utilizza*. Inoltre, l'approccio decentralizzato consente ai team di lavorare con dati affidabili e rilevanti per i loro compiti, aumentando l'efficienza e la produttività dell'organizzazione nel suo complesso.

Il Data Mesh è un concetto abbastanza nuovo sulla scena tecnologica, forse non così in voga al momento, ma ha la caratteristica di "federare i silos". In una prospettiva

---

[15] L'architettura a microservizi è un approccio allo sviluppo del software che consiste nel costruire un'applicazione come un insieme di piccoli servizi, che vengono eseguiti in un proprio processo e comunicano con meccanismi leggeri.

molto "DAMA oriented", che mira a eliminare i silos sotto un unico approccio di governance, è forse una soluzione diversa e persino in un certo senso "compatibile" con un approccio *Data Fabric*. Anche *Bob Seiner*, in uno dei suoi articoli, chiarisce: "*Piuttosto che implementare Data Fabric e/o Data Mesh, indipendentemente dalla governance dei dati, queste discipline complementari sono partner logici. Le organizzazioni che cercano di migliorare il valore dei propri dati devono combinare gli aspetti tecnologici e comportamentali della gestione dei dati per guidare la loro capacità di essere data-centrici e data-driven.*" Ma andiamo con ordine. *L'obiettivo di Data Mesh è creare una base per ricavare valore dai dati analitici e dai fatti storici su scala. La scala si applica al panorama dei dati in continua evoluzione, alla proliferazione delle fonti di dati e dei consumatori, alla diversità delle trasformazioni, all'elaborazione richiesta dai casi d'uso e alla velocità di risposta ai cambiamenti"*. Questi sono i pilastri della filosofia:

Architettura dei dati decentralizzata orientata al dominio: nel *Data Mesh*, i dati sono posseduti e controllati dai team più vicini ad essi, eliminando il numero di passaggi e trasformazioni tra produttori e consumatori di dati.

I dati sono gestiti come prodotti: i prodotti

personalizzati rendono i dati altamente accessibili ai team che ne hanno bisogno. Questo permette ai team di tutte le aree di autogestirsi e di accedere a ciò di cui hanno bisogno in modo rapido e semplice. I prodotti nascono con un ciclo di vita. Si dà per scontato che hanno una durata e che finiscono o vengono rigenerati in nuovi e piú aggiornati prodotti.

Infrastruttura di dati self-service: i *Data Mesh* sono costruiti per consentire il *self-service* e fornire ai team i mezzi automatizzati per rendere operativi ed estrarre valore dai dati senza l'assistenza manuale e artigianale di esperti centralizzati.

Governance federata. La governance è automatizzata a livello di piattaforma, garantendo la conformità senza compromettere la flessibilità o limitare l'uso dei dati da parte di domini diversi.

Gestione del dominio: il Data Mesh, nella sua essenza, si basa sul *decentramento* e sulla distribuzione della responsabilità alle persone più vicine ai dati, al fine di supportare il cambiamento continuo e la scalabilità. La questione è come scomporre e decentralizzare i componenti dell'ecosistema dei dati e la loro proprietà. In questo caso, i componenti sono i dati analitici, i loro metadati e il calcolo necessario per servirli.

Data Mesh segue lo schema delle unità organizzative (o domini) come asse di scomposizione. Le nostre attuali organizzazioni sono scomposte in base ai loro domini di attività. Questa scomposizione localizza l'impatto del cambiamento e dell'evoluzione continui, per la maggior parte, nel contesto delimitato del dominio quindi quest'ultimo è un buon candidato per la distribuzione della proprietà dei dati.

Per promuovere questa scomposizione, dobbiamo modellare un'architettura che organizzi i dati analitici per dominio. In questa architettura, l'interfaccia del dominio con il resto dell'organizzazione comprende non solo le capacità operative, ma anche l'accesso ai dati analitici che il dominio serve. L'ascesa degli strumenti di *federazione* e *virtualizzazione dei dati* ha accelerato questo processo, anche se, come abbiamo visto, ci sono alcune importanti limitazioni. Soprattutto quando c'è la necessità di tracciare tutti i processi nel tempo.

I domini non sono silos... Se è vero che una delle iniziative tipiche di ogni progetto di *Data Governance* si concentra sull'eliminazione dei silos, non dobbiamo dimenticare che a volte è necessario parlare di domini di dati, poiché in alcune industrie questi devono essere separati. Quando è allora necessario pensare al Data Mesh? Forse quando la complessità del dominio, in combinazione con i microservizi e la progettazione orientata al dominio, può essere troppo complessa perché un team centrale possa servire adeguatamente i dati allo stesso tempo, oppure quando, per la natura dell'attività, bisogna garantire una rigorosa separazione dei domini di dati o quando questi hanno processi e fonti completamente diversi o incluso Business Glossary diversi.

I dati come prodotto: una delle sfide delle architetture di dati analitici esistenti è l'elevato attrito e il costo della scoperta, della comprensione, della fiducia e infine dell'utilizzo di dati di qualità. Se non viene affrontato, questo problema viene aggravato dall'architettura Data Mesh, in quanto aumenta il numero di luoghi e di team che forniscono dati, ovvero i domini.

Il principio dei *dati come prodotto* è stato concepito per risolvere il problema della qualità dei dati e dei vecchi silos di dati; o come li chiama *Gartner*, i dark data: "*le risorse informative che le organizzazioni raccolgono, elaborano e conservano durante le normali attività aziendali, ma che generalmente non utilizzano per altri scopi*". I dati analitici forniti dai domini devono essere trattati come un prodotto e i consumatori di tali dati devono essere trattati come clienti. Questo si basa sempre su un principio di governance "forte", che significa controllare la sicurezza e l'accesso ai dati. Il fatto che il reparto risorse umane analizzi il comportamento dei dipendenti non significa che questi dati debbano essere esposti al resto dell'organizzazione; ci sono dati e dati, così come ci sono domini che controllano dati altamente sensibili (immaginate il rischio dei clienti di una banca o di una compagnia di assicurazioni). Aprire il "vaso di pandora" dei silos non può funzionare senza dati di qualità e senza un controllo esaustivo dei permessi di visualizzazione e controllo di questi dati. Democratizzare i dati non significa diffondere informazioni senza controllo. Le multe dei regolatori sono lì a ricordarcelo. Ogni dominio comprenderà quindi ruoli di sviluppatori di prodotti di dati, responsabili della costruzione, della manutenzione e del servizio dei prodotti di dati del dominio. Gli sviluppatori di prodotti di dati lavoreranno a fianco di altri sviluppatori di dominio. Ogni team di dominio può servire uno o più prodotti di dati. È anche possibile formare nuovi team per servire prodotti di dati che non rientrano naturalmente in un dominio operativo esistente. Saranno loro a implementare la sicurezza necessaria per decidere, ad esempio, che determinate informazioni devono essere rappresentate ai clienti che consumano i dati in forma pseudo-anonima o utilizzando altre forme di mascheramento dei dati.

Piattaforma dati self-service: l'unico modo per consentire ai team di possedere autonomamente i propri prodotti di dati è avere accesso a un'astrazione di alto livello dell'infrastruttura che elimini la complessità e l'attrito del *provisioning* e della gestione del ciclo di vita dei prodotti di dati. Ciò richiede un nuovo principio: *l'infrastruttura di dati self-service come piattaforma* per consentire l'autonomia del dominio.

Un criterio di successo per l'infrastruttura di dati self-service è quello di ridurre il "*tempo di creazione di un nuovo prodotto di dati*" nell'infrastruttura. Questo porta all'automazione, necessaria per implementare le funzionalità di un *prodotto di dati*. Per questo abbiamo bisogno di un sistema di integrazione che ci permetta di: scrivere e gestire regole, scalare e documentare tutti questi processi. Sarà necessario disporre di uno strumento in grado di progettare vere applicazioni su un'ampia gamma di dati perfettamente integrati.
È chiaro che il modo migliore per farlo è separare la parte delle informazioni e dei dati con i suoi aspetti più tecnici (metadati, dizionario dei dati) e la parte più semantica in cui gli esperti possono progettare applicazioni senza doversi preoccupare di come arrivano i dati o dei diversi parallelismi o tecniche di estrazione. Fondamentale sarà dotarsi di un *approccio dichiarativo* che diventa molto più funzionale rispetto al classico *approccio procedurale*.

Governance computazionale federata: è vero che *Data Mesh* segue un'architettura di sistema distribuita;

una collezione di prodotti di dati indipendenti, con un ciclo di vita indipendente, costruiti e distribuiti da team probabilmente indipendenti. È anche vero che, per la maggior parte dei casi d'uso, per ricavare valore sotto forma di *set di dati* di ordine superiore, approfondimenti o intelligenza artificiale, è necessario che questi prodotti di dati indipendenti interagiscano tra loro, per poterli correlare, creare join, trovare intersezioni o eseguire altre operazioni su grafi o insiemi su scala. Per rendere possibile una qualsiasi di queste operazioni, l'implementazione di una *Data Mesh* richiede un modello di governance che abbracci il decentramento e l'auto-sovranità del dominio, l'interoperabilità attraverso la standardizzazione globale e, soprattutto, l'esecuzione automatica delle decisioni da parte della piattaforma. Anche qui l'*approccio dichiarativo* è vincente perché tutti gli aspetti piú tecnici come il parallelismo[16] vengono risolti dalla piattaforma.

In conclusione, *Data Mesh è una* soluzione innovativa ed efficiente per la gestione dei dati in grandi organizzazioni con domini distinti che necessitano di un controllo efficace e sicuro delle risorse.

---

[16] Il parallelismo è una forma di calcolo in cui è possibile eseguire più computazioni contemporaneamente, basata sul principio della suddivisione di grandi problemi per ottenere diversi piccoli problemi, che vengono poi risolti in parallelo. Esistono diversi tipi di parallelismo: a livello di bit, a livello di istruzioni, a livello di dati e a livello di task. In un approccio procedurale dobbiamo definire prima come affrontare e come dividere i problemi ed i processi. In un approccio dichiarativo ci concentreremo nel risultato e non di come ottenerlo.

15. Approccio dichiarativo vs. approccio procedurale

L'*approccio dichiarativo* si riferisce a un modo di esprimere un problema o una soluzione in termini di ciò che si vuole ottenere, piuttosto che di come lo si vuole ottenere. Invece di specificare i passaggi dettagliati per risolvere un problema, viene specificato il risultato desiderato.

Nella programmazione, l'*approccio dichiarativo* viene utilizzato per scrivere codice che specifica cosa si vuole ottenere, piuttosto che come lo si vuole ottenere. Ad esempio, invece di scrivere codice che specifica come scorrere un elenco di elementi ed eseguire una determinata azione su ogni elemento, si scrive codice che specifica che si vuole eseguire quell'azione su ogni elemento dell'elenco. Sarà lo stesso linguaggio di programmazione a capire come eseguire l'azione.

L'*approccio dichiarativo* è utilizzato in vari campi, come le *basi di dati*, dove i linguaggi dichiarativi sono quelli che si concentrano sulla descrizione dei risultati desiderati di un'interrogazione, piuttosto che sulla descrizione di come tali risultati vengono ottenuti. *SQL è un* esempio di linguaggio dichiarativo utilizzato nei database relazionali.

Approccio procedurale: l'approccio procedurale si riferisce a un modo di esprimere un problema o una soluzione in termini di passi specifici da seguire per raggiungere un risultato. Invece di specificare il risultato desiderato, specifica i passaggi dettagliati per risolvere il problema.

Nella programmazione, l'*approccio procedurale* viene utilizzato per scrivere codice che specifica come devono essere eseguiti i compiti, piuttosto che quali compiti devono essere eseguiti. Ad esempio, invece di scrivere codice che specifica che si vuole eseguire una determinata azione su ogni elemento di un elenco, si scrive codice che specifica come attraversare l'elenco ed eseguire l'azione su ogni elemento.

I linguaggi di programmazione procedurali sono quelli che seguono un approccio di programmazione strutturato, in cui il codice è suddiviso in blocchi logici e organizzato in funzioni e procedure.

Perché l'approccio dichiarativo alla gestione dei dati è migliore?

L'approccio dichiarativo nella gestione dei dati presenta diversi vantaggi rispetto all'approccio procedurale.

Alcuni di questi vantaggi sono:

1. **Maggiore chiarezza:** l'approccio dichiarativo consente di specificare i risultati desiderati in modo chiaro e conciso, riducendo il rischio di errori e aumentando l'efficienza della gestione dei dati.
2. **Maggiore flessibilità:** specificando i risultati desiderati piuttosto che i passaggi per raggiungerli, l'approccio dichiarativo consente di adattarsi facilmente alle modifiche dei dati o dei requisiti del sistema.
3. **Maggiore scalabilità:** consentendo la separazione tra la specifica dei risultati e la loro implementazione, l'approccio dichiarativo permette al sistema di gestione dei dati di scalare senza dover modificare il codice.
4. **Maggiore portabilità:** separando la specifica dai risultati della sua implementazione, l'approccio dichiarativo consente di utilizzare sistemi o tecnologie diverse per implementare la specifica.
5. **Maggiore efficienza:** consentendo al sistema di occuparsi dell'implementazione delle specifiche, l'approccio dichiarativo permette di ottenere risultati più rapidamente e con meno risorse.

In sintesi, l'approccio dichiarativo alla gestione dei dati offre maggiore chiarezza, flessibilità, scalabilità, portabilità ed efficienza nella gestione dei dati. Consentendo di specificare i risultati desiderati piuttosto che i passaggi per raggiungerli, permette una maggiore scalabilità, flessibilità e portabilità.

Ecco un chiaro esempio

Procedurale:

1. Andare in cucina
2. Prendere zucchero, latte e tè,
3. Mescolarli e scaldarli sul fuoco fino a farli bollire.
4. Mettilo in una tazza e portamelo.

Dichiarativo:

1. Portami una tazza di tè.

16. Data Vault

Data Vault è un modello di data warehousing progettato per risolvere i problemi di integrità e flessibilità nella gestione di grandi quantità di informazioni. Si tratta di una metodologia di integrazione e modellazione dei dati che consente di costruire un database centralizzato e affidabile, mantenendo la flessibilità necessaria per gestire i continui cambiamenti nella struttura e nella composizione dei dati.

Il modello Data Vault si basa sulla creazione di tre tipi di oggetti di dati: *satelliti (satellite)*, *ponti (link)* e *satelliti storici (hub)*. I satelliti memorizzano i dati transazionali, mentre i ponti sono utilizzati per collegare questi dati ad altri oggetti di dati rilevanti, come le dimensioni o le fact-table[17]. I satelliti storici vengono utilizzati per registrare e memorizzare le informazioni relative a qualsiasi modifica dei dati, consentendo una gestione più efficiente ed efficace delle informazioni.

La virtualizzazione dei dati è una caratteristica fondamentale della metodologia *Data Vault*, che consente agli utenti di accedere ai dati in modo più

---

[17] Nei database, e più specificamente in un data warehouse, una tabella dei fatti è la tabella centrale di uno schema dimensionale e contiene i valori delle misure di business o, in altre parole, gli indicatori di business.

efficiente e semplice, senza doversi preoccupare della complessità della struttura sottostante. Inoltre, il modello *Data Vault* consente anche una gestione più semplice ed efficiente dei dati storici, essenziale per qualsiasi azienda che voglia mantenere un controllo accurato sulle proprie informazioni nel tempo.

In breve, il modello *Data Vault* è una soluzione di gestione dei dati completa ed efficace che consente alle aziende di gestire in modo efficiente ed efficace grandi quantità di informazioni, mantenendo la flessibilità e l'affidabilità necessarie per rispondere ai continui cambiamenti del mercato e del settore.

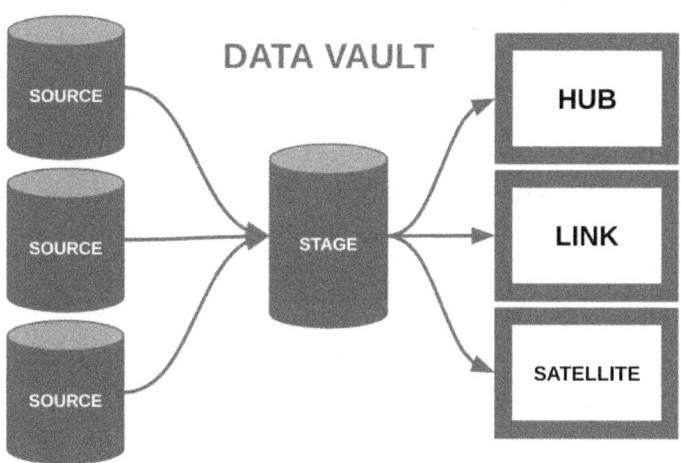

17. Data Monetization

La monetizzazione dei dati è una tendenza in crescita nel mondo digitale, dove le aziende e le organizzazioni sono alla ricerca di modi per sfruttare il valore dei loro dati. La monetizzazione dei dati si riferisce al processo di trasformazione dei dati in una fonte di reddito o di valore economico.

Esistono diversi modi per monetizzare i dati, come vendere i dati a terzi, concedere licenze d'uso, creare nuovi prodotti e servizi basati sui dati e personalizzare l'esperienza dell'utente in base ai dati.

Tuttavia, la *monetizzazione dei dati* non è un processo semplice. Le aziende e le organizzazioni devono considerare molti fattori, come la privacy dei dati, la sicurezza dei dati, le normative governative e l'etica aziendale. Ad esempio, è importante garantire che i dati vengano venduti o concessi in licenza in modo responsabile e che venga rispettata la privacy delle persone i cui dati vengono utilizzati.

Inoltre, è importante avere una *strategia solida* e un approccio a medio termine al processo di monetizzazione dei dati. Ciò comprende l'identificazione chiara dei dati di valore, la definizione di obiettivi e finalità e l'implementazione di soluzioni e processi tecnologici per ottimizzare l'uso e la vendita dei dati.

Affinché la monetizzazione dei dati sia efficace, è necessario collaborare con i reparti IT, management e business. I reparti IT devono garantire che i dati siano sicuri e disponibili per l'uso, mentre i reparti aziendali devono identificare e dare priorità ai dati più preziosi e sviluppare una strategia per monetizzarli.

Nel complesso, la monetizzazione dei dati può essere un'opportunità preziosa per le aziende e le organizzazioni per generare nuove entrate e migliorare il processo decisionale aziendale. Tuttavia, è importante affrontare questo processo in modo responsabile ed etico per garantire il successo a lungo termine.

La monetizzazione dei dati è una tendenza in crescita nel mondo digitale che può portare molti benefici e soluzioni ai problemi aziendali. Con un approccio strategico e un'implementazione responsabile, le aziende e le organizzazioni possono trasformare i loro dati in una fonte di reddito.

Infonomics è un termine che si riferisce al valore economico dell'informazione. Il libro "*Infonomics: How to Monetize, Manage and Measure Information as an*

Asset for Competitive Advantage" (*Infonomia: come monetizzare, gestire e misurare l'informazione come bene per il vantaggio competitivo*) di *Douglas Laney* esplora come le aziende possono trattare le informazioni come un bene prezioso e come possono massimizzarne il valore. Il libro affronta argomenti come l'identificazione e la classificazione dei dati di valore, la gestione delle informazioni come asset, la creazione di modelli di business basati sui dati e l'implementazione di solide pratiche di gestione delle informazioni.

Le fasi di una corretta *Data Valuation* sono:

Comprendere il ruolo e il valore dei dati dell'azienda: Una buona gestione dei dati significa assicurarsi di avere i dati giusti per supportare la propria attività e migliorare le prestazioni. L'uso intelligente dei dati aiuta anche a gestire i rischi e a garantire la conformità dell'azienda a leggi e regolamenti. Tuttavia, è possibile servire questo scopo in modo efficace solo se si sa dove risiedono i dati, quanto sono rilevanti e quanto possono essere preziosi. Spesso le aziende non valutano accuratamente i loro dati perché non sono strettamente contabilizzati come un asset, anche se hanno un valore reale nei mercati esterni. È necessario governare questi dati, lavorare in modo proattivo con i metadati, è necessario un cambiamento culturale all'interno delle aziende e questo è il vero problema.

L'importanza dei metadati: Molte organizzazioni non dispongono di metadati, ossia di dati sui dati, come la qualità dei dati, il luogo in cui sono archiviati e il loro significato. In effetti, è più probabile che molte aziende dispongano di un inventario più dettagliato dei mobili per ufficio che dei propri dati. Prima di pensare alla monetizzazione dei dati, le aziende devono scoprire che tipo di dati possiedono su partner, clienti, prodotti, asset o transazioni e quali dati disponibili pubblicamente possono essere utilizzati per aumentare il valore dei loro dati proprietari. Inoltre, devono capire se i dati hanno un valore interno per ridurre i costi, snellire le operazioni o migliorare i processi di vendita, o come flusso di entrate esterne, come la customer intelligence come servizio, o entrambi. Anche in questo caso tutto ciò è direttamente collegato alla Data Governance.

Strategia dei dati: La strategia aziendale non è supportata da iniziative di gestione dei dati e viceversa. I manager devono valutare i loro obiettivi aziendali chiave e le iniziative strategiche e capire come i dati possono supportarli. Solo una volta che la qualità dei dati è stata compresa e collegata alla strategia aziendale, è possibile mettere in atto le strategie appropriate per monetizzare i dati. Ciò comporta spesso la creazione di un team multifunzionale e multidisciplinare. Il potenziale dei dati per aggiungere valore a molte parti dell'azienda è enorme e in crescita. Tuttavia, a volte è difficile per le aziende immaginare quali potrebbero essere le opportunità, perché sono così abituate a perseguire la crescita attraverso strategie e flussi di reddito tradizionali. Per questo motivo tutte le aziende dovrebbero essere aperte a imparare da altre aziende e a collaborare in modi che abbiano senso dal punto di vista dei dati. È necessario passare da un concetto di "concorrenza" a uno di "coopetizione" e anche in questo caso si tratta di una questione di cultura aziendale.

Comunicare il valore dei dati: La monetizzazione dei dati è ancora un'esperienza relativamente nuova per molte organizzazioni e, anche quando esistono iniziative di successo, non sempre sono note all'azienda nel suo complesso. Con l'aumentare dell'importanza dei dati, le aziende dovranno comunicare ed educare gli stakeholder interni ed esterni a comprendere appieno il valore che i dati possono apportare.

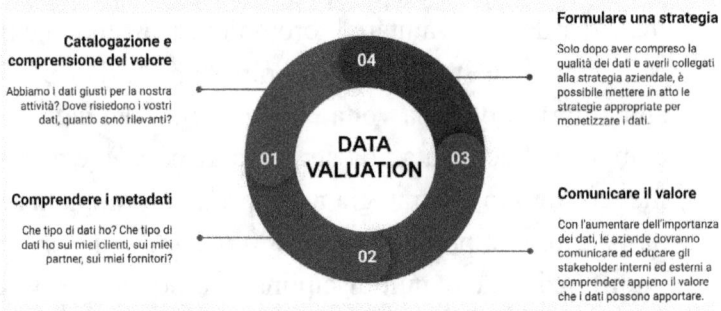

18. CDC

La Change Data Capture (CDC) è una tecnica utilizzata per monitorare e registrare le modifiche apportate alle fonti di dati. Questa tecnica consente di rilevare i cambiamenti in tempo reale e di trasferire queste informazioni a un sistema di archiviazione centralizzato per ulteriori analisi e utilizzi.

Il CDC è essenziale per l'integrazione dei dati in sistemi complessi e di grandi dimensioni, in quanto consente una visibilità costante delle modifiche ai dati e ne garantisce la coerenza e l'integrità. Inoltre, il CDC è utile anche in situazioni in cui è necessario tracciare in modo dettagliato le modifiche ai dati, ad esempio per la revisione dei dati o la risoluzione di errori e conflitti.

Uno dei principali vantaggi del CDC è che consente una maggiore efficienza nella gestione dei dati. Monitorando e registrando le modifiche in tempo reale, è possibile ridurre il tempo e la frequenza di elaborazione dei processi di integrazione dei dati, il che a sua volta consente una maggiore efficienza nel processo decisionale basato sui dati.

Un altro importante vantaggio del CDC è che consente

una gestione più efficace dei dati in tempo reale. Avendo accesso immediato alle modifiche dei dati, gli utenti possono rispondere in modo più rapido ed efficiente alle esigenze e alle richieste aziendali.

Tuttavia, è importante notare che la CDC richiede anche una pianificazione e un'attuazione adeguate per garantirne l'efficacia. Ciò comprende l'identificazione delle fonti di dati da monitorare, la definizione dei processi e delle regole per l'acquisizione delle modifiche dei dati e la configurazione dei sistemi di archiviazione e analisi dei dati per elaborare e gestire i dati acquisiti.

In conclusione, la *Change Data Capture* è una tecnica essenziale per l'integrazione e la gestione efficiente dei dati in sistemi complessi. Grazie alla capacità di monitorare e registrare i cambiamenti in tempo reale, il CDC consente una maggiore efficienza nella gestione dei dati e un migliore processo decisionale basato sui dati. Inoltre, il CDC è utile anche per la verifica dei dati e la risoluzione di errori e conflitti.

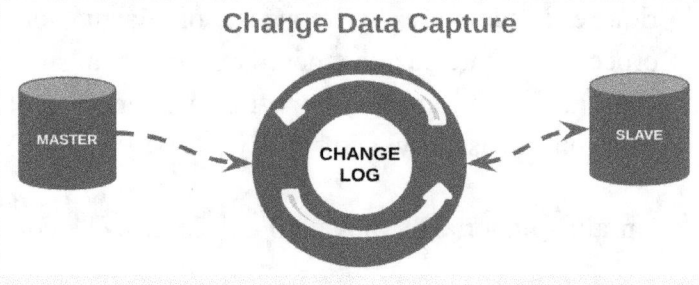

19. Data Virtualization

La virtualizzazione dei dati è una tecnica di integrazione dei dati che consente di accedere a diverse fonti di dati in modo centralizzato, senza la necessità di spostare o replicare i dati in un *data warehouse* centrale. Ciò significa che gli utenti possono accedere a dati provenienti da fonti diverse attraverso un unico livello di astrazione, noto come "livello di virtualizzazione". Il livello di virtualizzazione è responsabile della combinazione e del consolidamento dei dati provenienti da fonti diverse in tempo reale, consentendo una migliore agilità e flessibilità nella gestione dei dati. Inoltre, la *virtualizzazione dei dati* può anche garantire una maggiore sicurezza, in quanto consente il controllo centralizzato dell'accesso ai dati e permette una migliore gestione della qualità dei dati. In sintesi, la virtualizzazione dei dati è uno strumento fondamentale per implementare un'efficace governance dei dati e migliorare il processo decisionale. Esistono molte definizioni di virtualizzazione dei dati, fornite da fonti accademiche o dichiarate direttamente dai fornitori. Possiamo riassumere che la virtualizzazione dei dati è un approccio alla gestione dei dati che consente a un'applicazione di recuperare e manipolare i dati senza richiedere dettagli tecnici sui dati, come ad esempio il modo in cui sono formattati all'origine o dove si trovano fisicamente, e può fornire al cliente un'unica visione dei dati complessivi.

La virtualizzazione dei dati rappresenta un approccio agile all'integrazione dei dati. Fornisce all'utente dei dati un livello di astrazione che nasconde la maggior parte degli aspetti tecnici di come e dove i dati vengono archiviati, elaborati e consultati. Consente di accedere alle risorse senza entrare nei dettagli, come ad esempio:

- dove vengono memorizzati i dati,
- quale tecnologia o piattaforma viene utilizzata per archiviare i dati,
- quali tecnologie vengono utilizzate per elaborare e memorizzare i dati,
- quali interfacce sono necessarie per accedere ai dati.

A differenza del tradizionale processo di estrazione, trasformazione e caricamento ("*ETL*"), i dati rimangono al loro posto e si può accedere in tempo reale al sistema di origine dei dati. In questo modo si riduce il rischio di errori nei dati, si riduce il carico di lavoro per spostare dati che non vengono mai utilizzati e non si cerca di imporre un unico modello di dati. La tecnologia supporta anche la scrittura di aggiornamenti dei dati delle transazioni sui sistemi; il processo può essere bidirezionale se l'utente lo desidera. Per risolvere le differenze di formato e di semantica tra sorgente e consumatore, si utilizzano varie tecniche di astrazione e trasformazione.

La *virtualizzazione dei dati* è intrinsecamente orientata alla produzione di informazioni rapide e tempestive da più fonti, senza doversi imbarcare in un grande progetto di dati con *ETL estensivo* e archiviazione in un classico Data *Warehouse* Tuttavia, la virtualizzazione dei dati può anche essere estesa e adattata per soddisfare i requisiti del data warehousing tradizionale.

Nella recente Data *Virtualisation Market Guide di Gartner*, il gigante della ricerca tecnologica descrive in dettaglio l'impatto che la virtualizzazione dei dati avrà sulle aziende nei prossimi anni. Gartner prevede che nei prossimi anni il 35% delle organizzazioni aziendali implementerà la virtualizzazione dei dati in qualche forma. Spiegando l'attuale traiettoria del software di virtualizzazione dei dati, Gartner afferma: "*Come parte sempre più importante di una strategia completa di integrazione dei dati, la virtualizzazione dei dati sta suscitando un rinnovato interesse, in quanto le organizzazioni ne riconoscono il potenziale per una gamma crescente di casi d'uso. La tecnologia di virtualizzazione dei dati può apportare un valore aggiunto nell'ambito delle funzionalità di integrazione e condivisione dei dati dell'infrastruttura informativa. La maggior parte di queste opportunità comporta l'aumento delle strutture di dati fisicamente integrate e la fornitura di approcci coerenti orientati ai servizi per l'accesso ai dati da parte di applicazioni e servizi aziendali. Rendendo utili le risorse di dati, indipendentemente da come sono distribuite o da dove risiedono, questa tecnologia legge i dati*

I vantaggi più evidenti della virtualizzazione dei dati sono:

Accesso più ampio alle informazioni: la virtualizzazione dei dati consente di accedere alle informazioni da diverse fonti di dati, tra cui database, file system, applicazioni e cloud. Ciò significa che gli utenti possono accedere a un quadro più completo e accurato dei dati aziendali, essenziale per prendere decisioni informate.

Agilità: la virtualizzazione dei dati consente agli utenti di accedere ai dati in modo più rapido ed efficiente. Questo perché è possibile accedere ai dati direttamente dalle fonti di dati senza doverli spostare o copiare in un database centralizzato.

Riduzione dei costi: La virtualizzazione dei dati consente di ridurre i costi di archiviazione dei dati e di gestione dei database. Non dovendo spostare o copiare i dati, i costi di archiviazione e gestione si riducono notevolmente. Inoltre, la virtualizzazione dei dati consente un migliore utilizzo delle risorse, con conseguente riduzione dei costi.

Flessibilità: la virtualizzazione dei dati consente agli utenti di accedere ai dati da diverse fonti di informazione in modo flessibile. Ciò significa che gli utenti possono accedere ai dati in tempo reale, senza dover attendere l'aggiornamento dei database centralizzati.

Integrazione dei dati: La virtualizzazione dei dati consente di integrare le informazioni provenienti da diverse fonti di dati in un'unica vista. Ciò significa che gli utenti possono ottenere un quadro più completo e accurato dei dati aziendali, essenziale per prendere decisioni informate.

Interoperabilità: l'interoperabilità è un aspetto fondamentale della virtualizzazione dei dati. L'interoperabilità si riferisce alla capacità di diversi sistemi e applicazioni di lavorare insieme e condividere

20 cose da sapere sul Data Management

efficacemente le informazioni. Nel contesto della virtualizzazione dei dati, l'interoperabilità è importante perché consente agli utenti di accedere alle informazioni da diverse fonti di dati, tra cui database, file system, applicazioni e cloud. Ciò significa che gli utenti possono ottenere un quadro più completo e accurato dei dati aziendali, essenziale per prendere decisioni informate. Inoltre, l'interoperabilità consente agli utenti di integrare le informazioni provenienti da diverse fonti di dati in un'unica visione. Ciò significa che gli utenti possono accedere ai dati in modo più efficiente ed efficace, senza dover passare da un'applicazione all'altra o manipolare manualmente i dati (*API*).

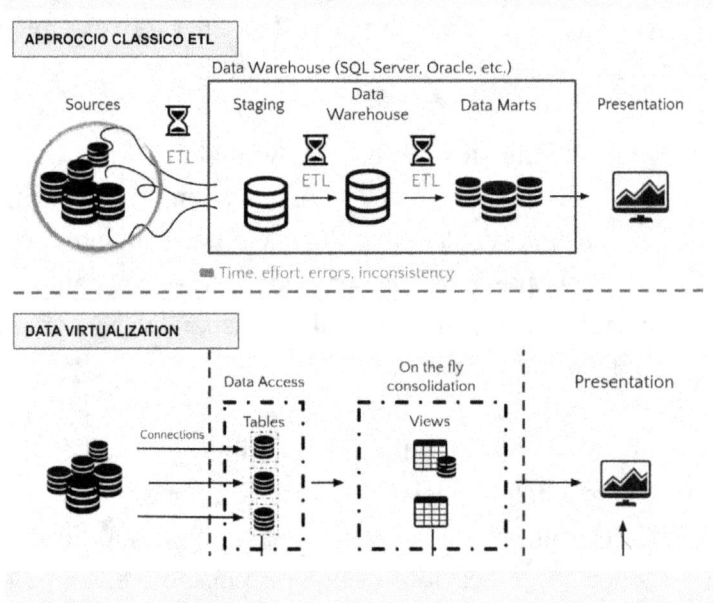

20. DmBoK 2

La **DAMA** (*International Data Management Association*) ha eletto il suo primo consiglio di amministrazione nel 1988. Il primo capitolo è stato fondato nel 1980 a *Los Angeles*. Da quel momento è emerso chiaramente che l'esigenza più urgente, in un settore che stava appena iniziando a muovere i primi passi, era quella di avere un unico quadro teorico. Un linguaggio comprensibile a tutti i professionisti e che potesse essere un riferimento per qualsiasi progetto di Data Management. Ma che cos'è veramente la gestione dei dati? Per citare il DAMA, il DM è: "*lo sviluppo, l'esecuzione e la supervisione di piani, politiche, programmi e pratiche che forniscono, controllano, proteggono e valorizzano i dati e le risorse informative durante il loro ciclo di vita*".

Il *DMBoK2* (Data Management Body of Knowledge, versione 2) è un framework per la gestione dei dati che fornisce una comprensione completa e aggiornata dell'approccio, dei processi, delle best practice e degli strumenti per la gestione dei dati.

DMBoK 2 è una guida alla gestione dei dati che copre tutti gli aspetti della gestione dei dati, dalla definizione dei metadati alla sicurezza dei dati e alla gestione dei dati a livello organizzativo. Si concentra sulle aree chiave della gestione dei dati, tra cui architettura dei dati, gestione della qualità dei dati, sicurezza dei dati, gestione dei dati a livello aziendale e gestione dei dati a livello tecnico.

Il DMBok 2 è un framework importante per i professionisti della gestione dei dati per comprendere le migliori pratiche, le tendenze e le sfide attuali nel mondo della gestione dei dati. Inoltre, è utile anche per le organizzazioni che intendono implementare un programma efficace di gestione dei dati, in quanto fornisce loro un quadro chiaro e una struttura di *best practice* da seguire.

Una delle caratteristiche principali di DMBok 2 è l'attenzione all'integrazione della gestione dei dati in tutte le aree dell'organizzazione. È chiaro che la gestione dei dati non è una funzione isolata, ma è parte integrante della strategia aziendale e della gestione delle informazioni. Pertanto, il DMBok 2 fornisce raccomandazioni per integrare la gestione dei dati nella cultura e nei processi dell'organizzazione.

DAMA definisce il Data Management come un insieme di 11 aree di conoscenza:

Data Governance: fornisce una direzione e una

supervisione alla gestione dei dati, stabilendo un sistema di diritti decisionali sui dati che rifletta le esigenze aziendali.

Architettura dei dati: definisce il piano di gestione degli asset di dati allineandosi alla strategia organizzativa per stabilire i requisiti strategici dei dati e i progetti per soddisfare tali requisiti.

Modellazione e progettazione dei dati: è il processo di scoperta, analisi, rappresentazione e comunicazione dei requisiti dei dati in una forma precisa chiamata "modello di dati".

Data Storage & Operation: comprende la progettazione, l'implementazione e il supporto dei dati archiviati per massimizzarne il valore. Le operazioni forniscono assistenza per tutto il ciclo di vita dei dati, dalla pianificazione allo smaltimento dei dati.

Sicurezza dei dati: la sicurezza dei dati garantisce che la privacy e la riservatezza dei dati siano mantenute, che i dati non vengano violati e che si acceda ai dati in modo appropriato.

Integrazione e interoperabilità dei dati: comprende i processi relativi al movimento e al consolidamento dei dati all'interno e tra data warehouse, applicazioni e organizzazioni.

Gestione dei documenti e dei contenuti: comprende le attività di pianificazione, implementazione e controllo utilizzate per gestire il ciclo di vita dei dati e delle informazioni contenute in una serie di supporti non strutturati, in particolare i documenti necessari per supportare i requisiti di conformità legale e normativa.

Master & Reference Data: comprende la riconciliazione e la manutenzione continua dei dati critici condivisi per consentire l'uso coerente tra i sistemi della versione più accurata, tempestiva e pertinente della verità sulle entità aziendali critiche.

Data warehousing e Business Intelligence: comprende i processi di pianificazione, esecuzione e controllo per la gestione dei dati di supporto alle decisioni e per consentire ai lavoratori della conoscenza di ricavare valore dai dati attraverso l'analisi e il reporting.

Metadati: comprende le attività di pianificazione, esecuzione e controllo per consentire l'accesso a metadati integrati di alta qualità, tra cui definizioni, modelli, flussi di dati e altre informazioni fondamentali per la comprensione dei dati e del sistema attraverso il quale vengono creati, mantenuti e accessibili.

Qualità dei dati: comprende la pianificazione e l'implementazione di tecniche di gestione della qualità per misurare, valutare e migliorare l'idoneità dei dati all'uso all'interno di un'organizzazione.

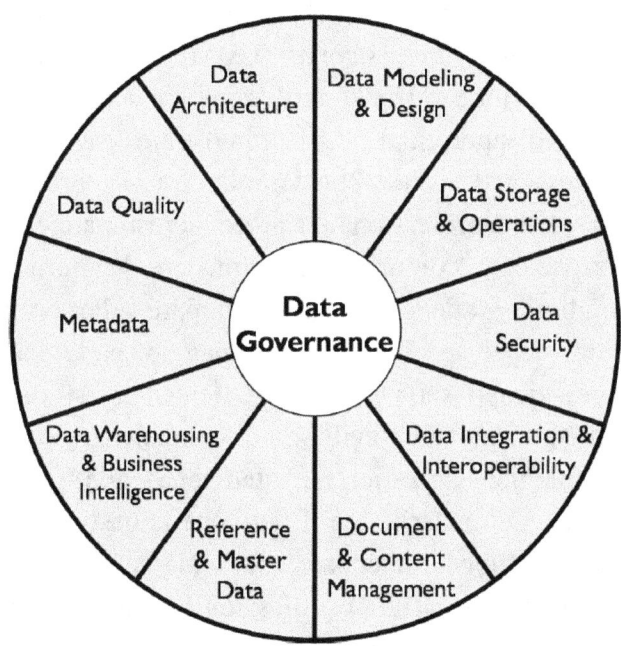

Il DMBok 2 sottolinea l'importanza della gestione della qualità e della sicurezza dei dati. I dati di qualità sono una risorsa preziosa per le organizzazioni e devono essere gestiti con attenzione per garantirne l'integrità e l'affidabilità. La sicurezza dei dati è un aspetto critico della gestione dei dati, in quanto i dati sensibili e riservati devono essere protetti dall'accesso non autorizzato e dalla perdita.

Certificazione CDMP di DAMA: la certificazione professionale è indice di conoscenza, capacità ed esperienza in un determinato settore. *DAMA International* ha creato la certificazione *Certified Data Management Professional* (CDMP). Il programma di certificazione offre ai professionisti della gestione dei dati l'opportunità di dimostrare una crescita professionale che può migliorare i loro obiettivi personali e professionali. I professionisti partecipano alla formazione continua per rimanere aggiornati sulle migliori pratiche e per sviluppare ulteriormente le competenze specialistiche. La maggior parte dei corsi di formazione sulla gestione dei dati si concentra generalmente sullo sviluppo di competenze con prodotti tecnologici specifici. L'attenzione alla formazione tecnica può mascherare il fatto che la gestione dei dati è una funzione aziendale. A chi si rivolge questa certificazione? Tutti i professionisti che lavorano con i dati: *Amministratori di database, Architetti di software e infrastrutture, Sviluppatori di software, Professionisti di Business Intelligence e Data Warehousing, Professionisti di Data Governance, Amministratori di metadati, Professionisti della qualità dei dati, Professionisti dell'integrazione e dell'interoperabilità dei dati,* Anche per tutti quei professionisti e studenti che desiderano sviluppare una carriera all'interno del mondo dell'information asset management hanno nella certificazione CDMP un ulteriore elemento distintivo.

Sull'autore

Michele Iurillo è membro di DAMA Italia e VP Training and Talent di DAMA Spagna. È il fondatore del Data Management Summit, un evento di riferimento nel mondo della gestione dei dati. Attualmente è Country Manager di Irion in Spagna e Latam. Negli ultimi 10 anni si è occupato di Business Intelligence. È stato Country Manager in Spagna per TARGIT, Querona e collabora con diversi media e con Dataversity, un vero punto di riferimento mondiale nel mondo dei dati. Certificato CDMP da DAMA-I, tiene conferenze sulla necessità per le aziende di scoprire il tesoro dei dati che i loro sistemi generano ogni giorno.

Il Data Management Summit

Il DMS è un *evento esclusivo* per guidare la comunità della gestione dei dati nel panorama tecnologico ed è un forum di discussione aperto per condividere esperienze e casi d'uso. Un summit essenziale per CIO, CTO, CDO, CIO, Data Scientist che implementano tecnologie emergenti per risolvere nuove sfide tecnologiche.

L'evento è nato dall'impulso dei suoi fondatori in un momento in cui la scena del *Data Management era* piena di eventi incentrati sul marketing o sulla trasformazione digitale. In Synergo! stavamo cercando un evento tecnico a cui partecipare e quando abbiamo visto che nessuno sembrava avere questo obiettivo, abbiamo parlato con clienti e fornitori per vedere se c'era la possibilità di colmare questa lacuna. Tutto questo si è cristallizzato nel 2018 con il primo *Data Management Summit* presso l'*Università Politecnica di Valencia* nel suo campus di Gandia. Da lì abbiamo realizzato una brillante edizione 2019 scalando fino all'Italia. Oltre 1000 professionisti dei dati hanno partecipato agli eventi DMS in Spagna, Italia e America Latina.

Dogmi: fin dall'inizio abbiamo deciso di non cadere negli schemi di altri eventi con queste caratteristiche, da qui la creazione di quelli che internamente chiamiamo i "Dogmi del DMS".

Evento tecnico: L'evento ha un focus tecnico e quindi selezioniamo il pubblico controllando rigorosamente uno per uno i profili degli iscritti (per questo li chiamiamo candidati) e lo facciamo controllando il loro profilo *linkedin*, per questo è obbligatorio inserirlo al momento dell'iscrizione all'evento.

Evento gratuito: non vogliamo che il DMS sia un evento a pagamento, il modello di business si basa sulla partecipazione di sponsor che coprono i costi dell'evento.

Solo interventi di aziende: non sono accettati interventi di fornitori, produttori di soluzioni e consulenti (a meno che non introducano un argomento di interesse generale). Non ammettiamo evangelisti, riteniamo che per il tipo di evento tecnico non sia necessario avere questo tipo di interventi nell'evento. Gli sponsor possono suggerire a un'azienda cliente di tenere uno speech, ma non sono ammessi interventi di sponsor. I *vendors* possono partecipare attivamente alle tavole rotonde perché è interessante conoscere l'approccio alle tendenze e al futuro del mondo dei dati.

Approccio agnostico: pensiamo che in questo tipo di eventi non abbia senso parlare di tecnologia ma piuttosto di soluzioni, idee, esperienze, per questo il nostro approccio è agnostico rispetto alla tecnologia.

Allineamento a DAMA: crediamo nel DAMA-I Framework e il nostro evento, pur non essendo un evento DAMA, è strettamente correlato ad esso. Molti soci e membri del consiglio di DAMA Spagna partecipano attivamente al buon funzionamento dell'evento.

Dinamiche di gruppo: fin dalla prima edizione, questo è stato il momento più importante dell'evento in quanto dà il protagonismo ai partecipanti, che partecipano attivamente alla generazione di conoscenza, non solo nel NetWorking, ma anche nella somma di conoscenze tra professionisti che normalmente non hanno la possibilità di confrontarsi direttamente.

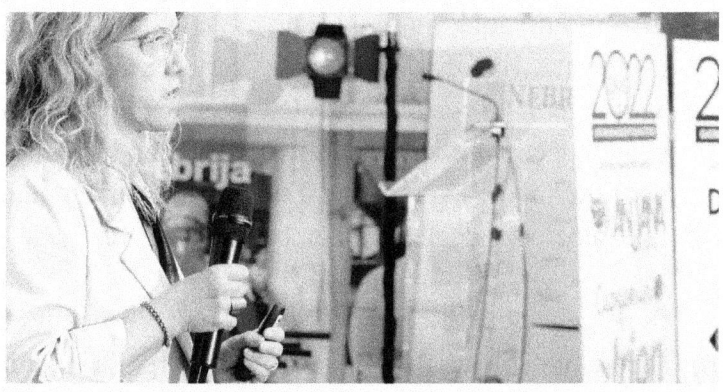

Tavole rotonde: in ogni edizione vengono organizzate diverse tavole rotonde, alcune orizzontali e altre verticali, su settori specifici come quello bancario o farmaceutico.

Per maggiori informazioni sull'evento: http://datamanagementsummit.org

Informazioni su Synergo!

Synergo! è costituito da un gruppo di liberi professionisti che si uniscono per generare sinergie e aggiungere valore ai progetti.

Le persone che compongono *Synergo!* hanno lavorato per molti anni in posizioni manageriali e hanno esperienza in diversi settori. Se pensate di poter aggiungere le vostre competenze al team di Synergo! contattateci. Non vi daremo uno stipendio, ma strumenti per poter avere i vostri clienti e gestirli in autonomia con le competenze degli altri membri di Synergo!

Synergo! è una società di consulenza integrata "non strutturata". Tutti i facilitatori di Synergo! lavorano in rete e ogni profilo aggiunge conoscenze ai progetti trasversali necessari nelle aziende. Le diverse aree di Synergo! sono: gestione dei dati, governance dei dati, business intelligence, strategia, dinamiche di gruppo, competenze manageriali e formazione alla leadership, gestione dei processi BPM, inbound e social marketing, presenza sul web & CMS.
Eliminando i costi generali, la proposta di valore può essere alla portata di aziende di qualsiasi dimensione, l'esperienza in ambienti multinazionali e l'efficienza fanno parte del DNA di Synergo!

Cloud Management: il "Cloud Management" è un nuovo paradigma per la gestione aziendale e il mondo degli affari. Intendiamo il Cloud Management come un nuovo modo di disporre del talento di diversi professionisti e manager all'interno di diverse organizzazioni, concentrandosi su progetti specifici e in momenti specifici. Questo permette alle aziende di avere il supporto di diversi profili senza doverli assumere direttamente per lunghi periodi di tempo. Anche se la parte strategica dovrebbe essere definita dagli imprenditori e dalla proprietà, a volte, per mancanza di metodologia o di esperienza diretta, è necessario assumere professionisti o consulenti per la progettazione e l'attuazione dei piani. Con il *Cloud Management* possono contare sul contributo di professionisti per un periodo di tempo limitato, senza doverli assumere direttamente o avere contratti onerosi con società di consulenza.

Collaboriamo con grandi società di consulenza per integrare i nostri profili nei loro team per progetti specifici.

I costi strutturali non flessibili sono la causa principale del passaggio di un'azienda da attività a passività in un contesto di crisi. Questi "dinosauri aziendali", secondo le parole *di Toffler*, non sono sostenibili in un'economia di decrescita. Il nuovo paradigma punta alla flessibilità totale e a un nuovo approccio sistemico orientato ai risultati e ai dipendenti.

Consulenza artigianale: siamo professionisti che lavorano per il cambiamento e il miglioramento delle organizzazioni, un lavoro che di solito viene incluso nel termine consulenza. A questa denominazione aggiungiamo un aggettivo che rappresenta un attributo differenziale: facciamo consulenza artigianale. Ci definiamo come strutture semplici e autonome, laboratori più che fabbriche dove affrontiamo progetti a dimensione umana.

La consulenza artigianale è un'alternativa al modo dominante di fare consulenza che porta nuove prospettive, approcci e valori per affrontare il cambiamento nelle organizzazioni. È quindi definito da questi segni di identità:

Lavoriamo con le persone. La conoscenza, l'entusiasmo e tutta l'energia necessaria per il cambiamento e il miglioramento risiedono nelle persone, una per una, ma anche organizzate e in team. Ecco perché, al di là dei clienti, diciamo che lavoriamo con le persone e non con le aziende.

Ci piace il nostro lavoro. La nostra materia prima è la conoscenza, qualcosa che non si genera secondo un calendario fisso o in spazi specifici. Per questo motivo non stabiliamo separazioni rigide tra il nostro lavoro di consulenza e gli altri aspetti della nostra vita. Integriamo il nostro lavoro come parte delle nostre attività quotidiane.

Aree di intervento

Formazione e consulenza sulla gestione dei dati: la nostra esperienza nell'implementazione di progetti di *gestione dei dati* e il nostro portafoglio di soluzioni ci consentono di realizzare con successo i vostri obiettivi di controllo degli asset di dati. Seguiamo il quadro *DAMA* e possiamo formare i vostri professionisti per le diverse certificazioni. I nostri programmi di formazione possono essere orientati alle società di consulenza o ai clienti finali, possiamo dimostrare la nostra capacità di formazione e il successo dei nostri programmi a supporto delle certificazioni più importanti. I nostri clienti più importanti sono società di consulenza internazionali, banche, assicurazioni e telecomunicazioni.

Social Collider per il miglioramento del business: nel mondo degli affari di oggi, le relazioni sono più importanti delle transazioni. In Synergo! sappiamo come raggiungervi e dove raggiungervi, abbiamo quasi tutte le risposte alle vostre domande. La nostra rete di contatti è ampia e dimostrabile, la nostra profonda conoscenza del mondo imprenditoriale spagnolo e italiano ci rende il partner specifico per costruire una strategia che raggiunga con una proposta di valore chi deve e vuole ascoltarla. Abbiamo una comprovata esperienza nell'apertura di mercati in Italia e Spagna per aziende e startup del settore tecnologico. Da oltre 15 anni il nostro servizio di **apertura del paese è** il più richiesto.

Strategia e cluster: il team di Synergo! ha guidato diversi piani strategici collettivi, territoriali e per le PMI. L'esperienza dimostrabile nel processo strategico è un fattore rilevante nella nostra offerta di consulenza. Nell'ambito di questi processi di miglioramento competitivo abbiamo guidato l'implementazione di diversi cluster in progetti europei. Riferimenti: Piani strategici delle Ville Asturiane, Piano strategico di Guadassuar, Piano strategico di Viabilità di Euskadi.

Dinamiche di gruppo e panel con gli stakeholder: se vogliamo un'evoluzione o un cambiamento in un'organizzazione, è necessario intervenire a vari livelli, sia socio-affettivi ed emotivi, sia cognitivi. La formazione tradizionale, intesa come trasmissione dall'alto verso il basso di conoscenze e spiegazione dei motivi per cui è conveniente applicarle, ha un'efficacia piuttosto limitata ed è quindi necessario ricorrere ad altre metodologie di natura più bottom-up. Il talento è nelle persone, basta lasciar fluire la conoscenza. Cosa pensano i vostri clienti? Cosa pensano i vostri fornitori? Abbandonate l'approccio unico e guardate le cose in modo diverso. Riferimenti: Pater, ADL de la Ribera, Marketing Club di Valencia, Estema, Artal agronutrients.

Business Intelligence: cos'è la Business Intelligence? Le aziende utilizzano questi sistemi per rilevare o selezionare gruppi di indicatori. Le informazioni raccolte ed elaborate conferiscono la capacità di valutare correttamente la direzione del mercato, di identificare i punti di forza o di debolezza e di misurare i progressi rispetto a obiettivi chiari. Se la vostra organizzazione ha più dati di quanti ne possiate monitorare, avete bisogno di Business Intelligence. Synergo! è partner certificato di Targit, azienda danese leader nella business intelligence applicata agli ambienti Microsoft Dynamics. Riferimenti: Milar Electrodomésticos, Tien 21, Sinersis, Comelsa.

Ringraziamenti

Ho molte persone da ringraziare e spero che questo spazio mi permetta di farlo in modo completo.

Innanzitutto l'intero consiglio direttivo di Dama España (sia entrante che uscente) Jose Marin-Roig dell'Università Politecnica di Valencia, Esteban Rodrigo il cui contributo motivazionale è sempre stato presente, Lucia Engo, Mario de Francisco Ruiz, Mario Salamanca Farto, José Ramón Santos Rementeria, José Manuel Farré Fernández, Alejandra González Reyes, Alfonso Fernández Revenga, José Ramón Santos Rementeria, José Manuel Farré Fernández, Alejandra González Reyes, Alfonso Fernández Revenga, Marta Diaz, Juan Mañes Sevilla, Rubén Arévalo Dosuna, Laureano Pérez, Oscar Alonso, Ángel López García, Alfredo Cáceres Gato, Gorka Santos Ortells, Cesar Pecharroman.

In Spagna il mio grande maestro: Jose Maria Arce Argos, aver insegnato con lui è motivo di orgoglio.

In Deloitte desidero ringraziare Mercedes Gutierrez e Silvia Diaz Rodriguez.

In NTT Data: Tony Rodriguez, Andrea Cacciapaglia, Gorka Santos Ortells, Pol Rojas Bartomeus

In Accenture: Alejandro Cordón

In Minsait: Mayte Sanchez

Presso Technics Publications: Steve Hoberman

In BIFactory: Walter Gabetta e Franco Perduca

In Deyde: Luis Martinez

In Bluetab: Tom Uhart, Luis Malagón

In PwC: Andres Diego Hontiverso, Ander Cid

Per il Data Management Summit Spain il ringraziamento più grande va a Txema Arnedo e a tutti gli sponsor che hanno sostenuto l'evento dal 2018. L'elenco è troppo lungo, un abbraccio a tutti loro.

In Italia voglio ringraziare: Daniele Bobba e Luca Giuratrabocchetta in Deloitte.

Roberto Butinar en Avanade

Tommaso Pozzi e Francesca Meliti in Porini

Per il Data Management Summit Italy: Gigi Beltrame, Simona Di Felice, Sofia D'Alessandro. Egle Romagnolli, Mauro Tuvo, Francesco Spagnoli, Toto Doná, Alberto e Giovanni Scavino e tutto il fantastico Team di Irion.

Francesca Cederle di Irion autrice della fotografia della copertina (quella con l'estintore)

Per il Data Management Summit Latam & International: Diego Poppe, German Morante, Loretta Mahon Smith, Robert Seiner, Scott Taylor, George Firican e Marilú Lopez

In DAMA Italia, DAMA Emea, Fit Academy: Nino Letteriello, Franco Francia

Un ringraziamento speciale alla mia compagna Magela Torrano che ha dovuto sopportare la stesura di questo libro.

Un mega ringraziamento a Maurizio Felletto che mi ha iniziato alla informatica insieme a Luigi Callegari anni orsono.

Un ringraziamento speciale anche al mio "book angel" Nino Mandato.

Non dimentico di ringraziare Pat Metheny y Lyle Mays la colonna sonora della stesura di questo libro.

Tutti i miei articoli si possono trovare su micheleiurillo.es

Grazie!

Bibliografia

DAMA-DMBOK2 (edizione inglese, spagnola e italiana)
Pubblicazioni Technis ISBN 978-1-63462-883-9

Governance dei dati non invasiva: il percorso di minor resistenza e maggior successo - Bob Seiner (Traduzione di Michele Iurillo)
Technis Publications ISBN 978-1634628419

Big Data. Il potere dei dati - Bill Schmarzo - ISBN 978-8441535763

Valutazione della qualità dei dati - Arkady Maydanchik - ISBN 978-0977140022

Gestione dei dati master multidominio: MDM avanzato e governance dei dati in pratica - ISBN 978-0128008355

Data Management at Scale: Best Practices for Enterprise Architecture - Piethein Strengholt - O'Reilly Media - ISBN 978-1492054788

Gestione dei dati su scala: Architettura dei dati moderna con Data Mesh e Data Fabric - Piethein Strengholt - O'Reilly Media - ISBN 978-1098138868

Data Mesh: Fornire valore guidato dai dati su larga scala - Zhamak Dehghani - O'Reilly Media - ISBN 978-1492092391

Infonomics: come monetizzare, gestire e misurare le informazioni come patrimonio per il vantaggio competitivo - Douglas B. Laney - Routledge - ISBN 978-1138090385

Il valore dei dati: la bussola per gestire i dati come un patrimonio - Rafael Fernández Campos - ISBN 978-8409248131

Qualità dei dati - Ismael Caballero Muñoz-Reja - RA-MA S.A. Editorial y Publicaciones - ISBN 978-8499647500

Data Juice: 101 storie di come le organizzazioni stanno spremendo valore dalle risorse di dati disponibili - Douglas B. Laney - ISBN 978-1737169901

Digilosofia: la filosofía del digitale - Gigi Beltrame - ISBN 978-1097586455

L'economia autonoma - Digilosofia: la filosofia del digitale: Algoritmi, intelligenze artificiali e robot alla conquista del mondo? - Gigi Beltrame ISBN 979-8555324634

www.ingramcontent.com/pod-product-compliance
Lightning Source LLC
Chambersburg PA
CBHW050010230526
45465CB00003BB/1348